Tanja Haase

Bergedorfer® Morgenkreis-Geschichten

# 50 kleine Geschichten zum Jahreslauf

## Anregende Texte zum Vorlesen und Weiterarbeiten

1. Klasse



Persen

Persen Verlag

**TANJA HAASE**
ist Schauspielerin und Regisseurin, heute arbeitet sie als Autorin und Theaterpädagogin.
Beim Persen Verlag sind von Tanja Haase bereits zahlreiche Bücher mit Theaterstücken, Gedichten und Erzählungen erschienen.

**Für Marco.**

Gedruckt auf umweltbewusst gefertigtem, chlorfrei gebleichtem und alterungsbeständigem Papier.

1. Auflage 2013


Grafik: Nataly Meenen (Cover) /Julia Flasche
Satz: Satzpunkt Ursula Ewert GmbH, Bayreuth

ISBN 978-3-403-23166-0

www.persen.de

# Inhaltsverzeichnis

# Vorher gesagt

Diese Geschichten kreisen um die Lebenswelt des naturliebenden und lebenslustigen Jungen Anders und seiner Freunde im Ablauf eines Schuljahres, von August bis Juli; von der Einschulung über Weihnachten, Silvester, Ostern bis hin zu den Sommerferien. Die wechselnden Jahreszeiten und wichtige Ereignisse wie Feste und Bräuche des (Schul-)Jahres sind Themen der Vorlese-Geschichten. Es gibt zu jedem Monat mindestens vier Geschichten, die chronologisch vorgelesen werden können. Dann erleben die Vorleser und ihre Zuhörer den Jungen Anders, seine Freunde, die Familie, die Klasse und ihre Erlebnisse fortlaufend mit. Auch einzeln herausgenommen lassen sich die Geschichten gut vorlesen, beispielsweise zu einem bestimmten schulischen oder jahreszeitlichen Anlass.
Fragen zu den Vorlese-Geschichten, in Form von Einstiegsimpulsen und Nachbereitungsfragen, beziehen die zuhörenden Kinder direkt und persönlich in die Handlung mit ein. Zudem fördern die Fragen das Hörverständnis, das Allgemeinwissen rund um den Schul-Jahreskreis, die Jahreszeiten, die Natur, die soziale Kompetenz und auch die Meinungsbildung der Kinder.

# Dank

**Frau Dr. Heike Manthey**, Lektorin und Ideenfinderin: Ihr gilt mein besonderer Dank für eine langjährige, fruchtbare und mir sehr wichtige Zusammenarbeit. So entstanden beispielsweise die Werke „Gewalt-Liebe-Mobbing/Drei moderne Theaterstücke“ und „5 Mini-Theaterstücke“.

**Herrn Ingo Spiegelhalder**, Grundschulleiter: Ihm gilt an dieser Stelle mein bester Dank für die eindrucksvollen Unterrichtsbesuche an der Silberbergschule, für die Anregung zu meinem ersten Kindertheaterstück: „Ich will das nicht!“ und für die gemeinsame Umsetzung als Aufführung auf der Schul- und Theaterbühne.

# Handelnde Figuren in den Geschichten sind:

**Anders Spiel** (Schüler der Käfer-Klasse – einer ersten Klasse)
**Seine Mutter**
**Sein Vater**
**Oma**
**Opa Gewächshaus**
**Opa Stadt**
**Sein Cousin Klaro** (ein Jahr älter als Anders)
**Sein Onkel Tü** (der Vater von Klaro)

**Penelope** (auch Pen genannt, Schülerin der Käfer-Klasse)
**Ihre Mutter Malin**
**Ihr Vater Antonio**

**Benno Tier** (Schüler der Käfer-Klasse)
**Rupert Tier** (Zwillingsbruder von Benno, Schüler der Käfer-Klasse)
**Ihre Mutter**
**Ihr Vater** (lebt in den Niederlanden)

**Nürsel** (Schülerin der Käfer-Klasse)
**Nele** (Schülerin einer zweiten Klasse)
**Ihre Schwester Trine** (geht in den Kindergarten)
**Schulleiter Herr Sonne**
**Frau Hahn** (Klassenlehrerin der Käfer-Klasse)
**Herr Pudding** (Lehrer der Käfer-Klasse)
**Herr Sturmflut** (Nachbar von Anders Familie)

# 1/August:

EINSTIEGSIMPULSE:

1. Wart ihr vor der Schule im Kindergarten?
   Falls nicht, wer hat euch sonst betreut?
2. Was hat euch gut daran gefallen? Was nicht so gut?

NACHBEREITUNGSFRAGE:
Wie die Geschichte mit Anders weitergeht, erfahrt ihr später. Was vermutet ihr?

## Ich möcht so gern in die Schule gehn (Teil 1)

Anders steht einfach nur im Gruppenraum herum.
Seine Kindergärtnerin Sina fragt:
„Anders, willst du nicht wenigstens mit dem Gokart fahren?“
„Nö, keine Lust!“
Dann verkriecht er sich in die Leseecke. Er steckt seine Nase tief in sein Lieblingsbuch, es heißt: „Der große, starke Bärenvater“.
Sina setzt sich neben Anders: „Das ist ein spannendes Buch, nicht?“
„Ja, ich habe schon alle Bilder gelesen, schon ganz oft!“
Sina lächelt: „Das ist nicht zu übersehen! Du sitzt fast nur noch in der Leseecke! Du musst bereits alle Bücher hier auswendig kennen!“
„Das macht mir doch nichts aus. Und jetzt will ich lesen!“

Daraufhin stellt Anders fest, dass er das Buch die ganze Zeit falsch herum hält, mit den Bildern auf dem Kopf stehend. Schnell dreht er es richtig herum. „Hoffentlich hat Sina das nicht gemerkt?“, denkt er.
Sina legt den Arm um Anders und fragt: „Bist du wieder traurig, weil du noch nicht in die Schule gehen darfst?“
Anders schubst Sinas Arm von seiner Schulter herunter: „Nö, das ist mir ganz egal, die interessiert mich gar nicht, die olle Schule!“
Dann steht er auf und holt seine Vorschulmappe aus seinem gebrauchten Schulranzen, den er wie eine Kindergartentasche benutzt.
Am Maltisch schwärmt er Sina vor: „Der Ranzen ist wie eine große Schultüte! Da geht auch ganz viel rein, zum Beispiel Stöcke und Sand … und … und alles was ich finde und brauche.“
Sina sagt bewundernd: „Du hast einen prima Ranzen!“
Wieder und wieder macht er dieselbe Schreibübung aus der Vorschule. Sina meint: „So oft, wie du die Linien übereinander malst, müsste an den Stellen schon ein kleiner Berg auf dem Papier entstehen!“
Da reißt das Papier bei einer schwungvollen Linie ein, so dünn ist es an dieser Stelle schon.
„Doofe Vorschulübungen, die sind so schnell alle! Ich will endlich in die Schule gehn! Ich will endlich ganz viele Schulübungen malen!“
Sina streicht ihm zum Trost über den Arm:
„Also doch die Schule, ich habe mir das schon gedacht. Weißt du, Anders, es ist wirklich Pech, dass du ein ‚Kann-Kind‘ bist. Das heißt du kannst, aber du musst noch nicht nach den Sommerferien in die Schule gehen. Das dürfen

deine Eltern entscheiden. Wärst du nur etwas älter, dann müsstest du in die Schule gehen."

Anders ist aufgeregt: „Ja, und Mama und Papa wollen, dass ich noch ein Jahr in den Kindergarten gehe, obwohl ich in die Schule will. Und ich weiß genau warum: Weil ich hier nachmittags länger bleiben kann als in der Schule. Weil Mama und Papa nämlich länger arbeiten, nur deshalb. Und das finde ich total ungerecht. Die Zwillinge Benno und Rupert dürfen schließlich auch in die Schule gehn. Und überhaupt, die beiden waren hier meine besten Freunde und jetzt habe ich im Kindergarten auch niemanden mehr zum Spielen! Alles doof, doof, doof!"

Er zerknüllt den Vorschulzettel und schmeißt ihn mit voller Wucht gegen die Fensterscheibe. Dann läuft er mit seinem Lieblingsbuch hinaus, in den letzten Winkel des Gartens. Er schleudert seine Sandalen weg und bohrt seine Füße in den warmen Sand.

Sina geht auch nach draußen, zu den anderen Kindern und ruft ihm zu: „Komm, Anders, wir wollen alle zusammen den Indianertanz üben! Komm, mach mit!"

„Nö! Nicht schon wieder, keine Lust!", sagt er leise zum Bild des großen, starken Bärenvaters in seinem Lieblingsbuch, als ob der Bär sein echter Freund wäre. Dann muss Anders schlucken.

# 2/August:

EINSTIEGSIMPULS:
Wolltet ihr jetzt schon eingeschult werden? Oder wolltet ihr lieber noch ein Jahr länger im Kindergarten oder zu Hause bleiben?

NACHBEREITUNGSFRAGEN:

1. Erinnert euch: Wie habt ihr den ersten Schultag erlebt?
2. Kanntet ihr schon Kinder in eurer Klasse? Wie war das für euch?

## Ich möcht so gern in die Schule gehn (Teil 2)

Im Kindergarten vermisst Anders seine Freunde Benno und Rupert. Die Zwillinge kommen nicht mehr dorthin, weil sie bald eingeschult werden. Anders würde auch gern eingeschult werden, aber er muss noch ein Jahr im Kindergarten bleiben. Und zu Hause hat er deshalb oft schlechte Laune, auch weil er gerade umgezogen ist, von einem Haus in eine kleine Wohnung, in derselben Straße.

Seine Mama ruft, vom Wohnzimmer aus, zu ihm ins Kinderzimmer herüber: „Anders, kannst du bitte die frischen Sachen anziehen?"
„Muss das sein?"
„Ja, das muss sein! Und kämm deine Haare! Wir wollen gleich mit Papa zu Onkel Tü fahren."

„Oh nee!“, mault Anders und zerstruwelt sich die Haare mit den Händen. Dann donnert er kräftig mit seinem Fuß gegen einen Umzugskarton.
„Du alter Maule-Peter!“, sagt seine Mama in der Tür stehend.
Dabei klingt sie eigentlich viel lustiger als sonst.

Später blickt Anders aus dem Autofenster.
„Sind wir hier überhaupt richtig?“, fragt er.
„Wir fahren heute einen anderen Weg zu Onkel Tü“, antwortet seine Mutter.
Plötzlich fahren sie auf einen ziemlich vollen Parkplatz und steigen alle drei aus.
Anders wundert sich: „Da sind ja ganz viele Kinder mit Schultüten!“
Sein Papa macht den Kofferraum auf und reicht ihm eine riesige, selbstgebastelte Schultüte herüber und ein nagelneuer Ranzen folgt.
Anders Augen werden feucht.
Er fragt seine Eltern: „Was soll das?“
Seine Mama und sein Papa grinsen sich an. Anders dreht sich um. Da erkennt er die Schule, in die seine Freunde Benno und Rupert jetzt kommen. Er hat ihre neue Schule schon einmal auf einem Spaziergang, gemeinsam mit den Zwillingen und deren Mutter, gezeigt bekommen.
„Ist das meine ... meine ...“, überlegt Anders und kann nicht weiter sprechen.
„Ja, das ist jetzt deine Schule!“, sagt sein Papa und zwinkert ihm zu.
Da fließen seine Tränen kiloschwer seine Wangen herunter. Dann rennt er seiner Mama und seinem Papa in die

Arme. Er ist stolz wie Elfenbein und fühlt sich gleich um drei Jahre älter.
Anders kombiniert: „Ihr habt mich angeflunkert! Wir fahren gar nicht zu Onkel Tü!“
Daraufhin lachen die Eltern laut auf.
Doch Anders ist plötzlich besorgt: „Aber … wo bleibe ich … wenn ich aus der Schule komme und ihr … und ihr noch arbeiten müsst?“
Seine Mutter beruhigt ihn: „Das lass nur unsere Sorge sein!“
Und sein Papa kratzt sich wie ein kleines Hündchen hinter dem Ohr:
„Uns fällt schon etwas ein.“
„Also gut!“, nickt Anders ungläubig.
Sie machen sich auf den Weg zur Schulaula. Dort werden die Erstklässler gleich begrüßt, denn Anders ist jetzt ein Erstklässler! Unterwegs erzählen ihm seine Mama und sein Papa, wie alles gekommen ist:
„Der Schulleiter dieser Schule und Sina, deine Kindergärtnerin, haben uns dazu überredet, dich in die Schule zu schicken!“, meint sein Papa.
„Weil du doch so viel lernen willst“, ergänzt seine Mama, „und dann ist es besser, wenn wir dich nicht aufhalten.“
„Kurz und gut – das finden wir jetzt auch!“, lächelt sein Papa.
„Mensch, Mama, Papa, das ist’ne ...“, will Anders gerade sagen, als er zwei Jungen erkennt. Er rennt zu ihnen hin, so gut das mit Schultüte und Ranzen eben geht und ruft dabei: „Beeeenno, Ruuuupert, waaaartet!“

# 3/August:

EINSTIEGSIMPULS:
Erinnert ihr euch an eure Einschulungsfeier? Was habt ihr dort erlebt? Kanntet ihr Kinder? Hattet ihr eine Schultüte?

NACHBEREITUNGSFRAGEN:
Wie war es, als ihr das erste Mal euren Klassenraum gesehen habt? Hat euch der Raum gefallen? Wie sah er aus? Wo habt ihr gesessen?

## Unsere Käfer-Klasse

Da steht Anders nun, mitten in seiner neuen Schule, in der Aula.
Rupert lockt Benno und Anders: „Lasst uns vorn hinhocken!“
„Geht nur!“, meint die Mutter der Zwillinge.
Und Anders Eltern nicken ihnen aufmunternd zu.
Neugierig schaut sich Anders im Kreis der Erstklässler um.
„Das ist doch die Höhe!“, denkt er.
Aus Ruperts Jackentasche sieht er Bärli, dessen Zwerghamster, mit müden Äuglein und Schnupper-Näschen hervorlugen.
Gerade will er etwas sagen, als Rupert seinen Finger auf die Lippen legt:
„Pssst, nicht verraten!“
Benno untersucht seine Schultüte, wie er einen Blick hineinwerfen kann. Doch sie ist gut verschnürt. Da vergleicht

Benno das Gewicht der drei nebeneinanderliegenden Schultüten: „Bätsch, in meiner ist mehr drin!"
„Nicht mehr lang, denn Bärli hat gerade Hunger …!", damit setzt Rupert seinen Zwerghamster heimlich an die stoffbespannte Öffnung von Bennos Schultüte. Bärli krallt sich fest und riecht daran.
Benno ist wütend: „Das sag ich Mama!"
Rupert nimmt Bärli schnell wieder in seine Jackentasche: „Psst, du alte Posaune! Das war nur ein Spaß!"
„Mit meinen Freunden erlebe ich immer etwas!", denkt Anders vergnügt.
Dann wird es still in der Aula.
Ein fröhlich wirkender Mann auf der Bühne, der einen Anzug, ein T-Shirt und Turnschuhe trägt, sagt mit warmer Stimme: „Willkommen zu unserer Einschulungsfeier. Ich freue mich auf jeden Einzelnen von euch!"
Anders tuschelt Benno ins Ohr: „Wer ist das?"
Benno tuschelt zurück: „Der Schulleiter!"
„Den hab ich mir ganz anders vorgestellt!"
Dann führt eine zweite Klasse ein Theaterstück auf: Die Kinder spielen kleine Marienkäfer, die in einem Baumloch in die Marienkäferschule gehen.
Anders flüstert Rupert ins Ohr: „Ich will auch mal Theater spielen!"
Rupert zischt zurück: „Das ist doch nur was für Mädchen!"
Anders findet: „Gar nicht!"
Rupert überlegt: „Dann will ich auch mal Theater spielen! Vielleicht gibt es an der Schule eine Theatergruppe für die ersten Klassen? Dann mach ich da mit!"
Eine lustige Klassenlehrerin, mit Namen Frau Hahn, die beim Sprechen mit ihrem ganzen Körper mitgeht, ruft von

der Bühne aus ihre Klasse auf. Insgesamt wird es drei erste Klassen geben. Die drei Jungen halten sich kräftig an den Händen. Sie wollen gemeinsam in eine Klasse kommen.
Nachdem fast alle Kinder der Klasse aufgerufen wurden, ruft Frau Hahn: „Benno Tier!“
Benno klatscht Rupert und Anders ab. Er geht etwas schüchtern auf die Bühne und mischt sich unter die zukünftigen Klassenkameraden.
„Anders Spiel!“, ertönt es von der Lehrerin.
Anders klatscht Rupert ab: „Ja!“
Dann flitzt er los.
Frau Hahn spricht weiter: „Und als Letzter kommt in meine Klasse: … Steffen Bergmann!“
Da schreit Rupert von unten auf die Bühne: „Nein, nicht!“
Und Benno ruft von der Bühne herunter: „Mein Bruder soll auch in meine Klasse!“
Anders schluchzt laut und beißt sich auf die Lippen.
Ein heilloses Gemurmel entsteht unter dem Publikum im Saal.
Da korrigiert sich die Lehrerin: „Ich habe mich versehen, Steffen Bergmann ist längst auf der Schule! Als Letzter kommt Rupert Tier in meine Klasse!“
„Jippee! Jippee, jippee, jey!“, kreischen Rupert, Benno und Anders drauf los.
Glücklich wie Lachmöwen stürzen die drei Jungen mit ihrer Käfer-Klasse in Richtung Klassenraum. Dort erfahren sie von Frau Hahn, dass ihre Klasse zuerst Marienkäfer-Klasse heißen sollte. Weil der Name aber zu lang ist, heißt die Klasse jetzt nur noch Käfer-Klasse. Auch der kurze Name gefällt den Kindern und sie wissen jetzt, woraus er entstanden ist.

# 4/August:

EINSTIEGSIMPULSE:
1. Habt ihr schon einmal etwas in die Erde eingepflanzt? Was war das (Samen oder Pflanze und welche)?
2. Und wo habt ihr es hingepflanzt (Topfpflanze für das Zimmer oder Garten …)?

NACHBEREITUNGSFRAGEN:
1. Wieso sagt Penelope zu Anders: „Du Dieb“?
2. Was denkt ihr darüber? Hat er etwas weggenommen? Und warum ist Anders am Schluss der Geschichte wütend auf Penelope? Hat sie ihm etwas getan? Oder ist er einfach nur traurig? Worüber?

## Penelope

Anders kriecht durch die Hecke. Wie ein Einbrecher dringt er – mit Eimer und Schaufel bewaffnet – in seinen alten Garten ein. Bis vor Kurzem hatten er und seine Eltern noch in dem Haus mit Garten gewohnt. Jetzt leben sie in einer kleinen Wohnung, ein paar Häuser weiter. Eben will er sich die beiden Tomatenstauden holen, die er hier eingepflanzt hatte. Er glaubt, dass die neuen Hausbewohner noch nicht hier eingezogen sind und fühlt sich allein und unbeobachtet.
Plötzlich tippt ihm jemand auf die Schulter, sodass Anders zusammenfährt: „He, du Dieb! Das sind meine Tomatenstauden!“

Die Stimme kommt Anders bekannt vor, aber er weiß nicht so schnell woher. Er fragt sich, ob die neuen Hausbewohner vielleicht doch schon eingezogen sind? Dann darf er sich hier nicht ungefragt im Garten aufhalten, das könnte ihm Ärger einbringen. Ohne sich umzusehen, nimmt er Reißaus, Richtung Loch in der Hecke.
Jedoch stolpert er dabei über einen Stein und fliegt der Länge nach hin: „Au!"
Anders will schnell aufstehen, als er bemerkt, dass er Nasenbluten hat und es auf sein T-Shirt tropft.
Die ihm bekannte Stimme kommt näher: „Warte!"
Schließlich dreht er sich jäh um: „Penelope! Hast du mich erschreckt! Du spinnst wohl! Erst nimmst du mir meinen Platz neben Benno und Rupert in der Klasse weg. Und dann …"
Penelope verteidigt sich: „Moment mal, ich konnte hinten vom Tisch aus nicht gut sehen, weil ich vielleicht eine Brille brauche. Da musste ich wohl vorn …"
Doch Anders lässt nicht locker: „Und dann … und dann … Und jetzt behauptest du, meine Tomatenstauden sind deine!"
Penelope sagt ganz ruhig: „Ja, die Tomatenstauden stehen in meinem Garten!"
Anders ruft fassungslos: „In deinem Garten? Du träumst wohl. Ich habe die Tomaten hier eingepflanzt, in meinem Garten! Dann sind es wohl auch meine … Ach, du ziehst hier ein, du schon wieder?"
Penelope stockt der Atem: „Wieso, hast du hier vorher gewohnt? Das wusste ich … nicht … Hier, nimm, für das Nasenbluten!"
Penelope hält Anders ihr zerfleddertes Papiertaschentuch hin.

Anders wischt sich das Blut mit dem Arm ab. Dann rennt er weg, durch die Hecke, die alte Kopfsteinpflasterstraße entlang, in sein Versteck aus Weidenstöckern, nahe bei seinem neuen Zuhause. Jetzt tröpfelt das Blut nur noch wenig.

„Das sind meine Tomatenpflanzen und überhaupt: Ich will wieder in dem Haus mit dem Garten wohnen! Penelope soll da nicht reingehn!“, flucht Anders vor sich hin und lässt ein extra dickes Springkraut platzen.

## 5/August:

EINSTIEGSIMPULSE:
1. Habt ihr schon ein Fest in der Schule gefeiert? Erzählt!
2. Welches Fest würdet ihr gern in der Schule feiern? Wie sollte das aussehen?

NACHBEREITUNGSFRAGEN:
1. Welches Bewegungsspiel kommt in der Geschichte vor? (Sackhüpfen) Und welches Geschicklichkeitsspiel? (Eierlaufen)
2. Kennt ihr die Spiele? Berichtet von euren Erlebnissen.

## Wir werden von der ganzen Schule begrüßt

Mittags isst Anders bei Rupert und Benno zu Hause.

Die Mutter der Zwillinge sagt zu Anders: „Leider gibt es bei uns mittags meist nur Brot, denn ich arbeite morgens als Tierärztin in einer Praxis und habe dann keine Zeit

zum Kochen. Wir essen dafür abends oft warm. Aber lass es dir schmecken!“
Das lässt sich Anders nicht zweimal sagen und greift zu.
Rupert erklärt: „Mama muss alles allein machen. Seit Mama und Papa sich vor ein paar Jahren getrennt haben ist das so. Papa wohnt heute weit weg, im Nachbarland, in den Niederlanden, da kann er ihr nicht viel abnehmen.“
Benno ergänzt: „Ja, und da besuchen wir Papa manchmal. Und Mama schafft das schon alles allein. Manchmal helfen wir ihr auch, zum Beispiel beim Abtrocknen, nicht wahr, Mama?“
Ihre Mutter nickt, wischt sich eine Träne aus dem Auge und streicht ihren Kindern über den Kopf.

Nachmittags rollern Anders, Benno und Rupert gemeinsam zum Begrüßungsfest für die Erstklässler und ihre Eltern. Die Mutter der Zwillinge fährt mit dem Fahrrad langsam hinterher.
Als sie ankommen, werden auf dem Schulhof gerade noch Bewegungs- und Geschicklichkeitsspiele aufgebaut.
„Gleich werden wir von der ganzen Schule begrüßt!“, denkt Anders, „und die Sonne schaut uns lächelnd zu …“
Vor Freude springt er einmal fast um sich selbst.
Auch Benno kann sich kaum bremsen: „Wo wollen wir anfangen?“

Beim Sackhüpfen spornt Anders die bereits schwitzenden Zwillinge an: „Schneller! Schneller!“
Rupert wimmert: „Uhu, ich hab zu viel gegessen!“
Da zieht Benno an ihm vorbei und macht eine lange Nase zu Rupert. Doch kurz vor Schluss verheddert sich Benno

in seinem großen Leinensack und verliert ihn. Der lachende Rupert hüpft ganz langsam an ihm vorbei ins Ziel. Daraufhin kickt Benno den Sack wütend mit voller Wucht aus dem Spielfeld.
Schließlich will Anders wissen: „Wohin wollen wir jetzt gehen?"
Alle drei zeigen in eine unterschiedliche Richtung. Es wird ausgelost.

„Zunge rein!", ermahnt Rupert Anders beim Eierlaufen.
Da fällt Anders das Ei vom Löffel, zerbricht und landet auf seinem Schuh.
„Mist!", schimpft er, „wenn du nichts gesagt hättest, dann wäre mir das nicht passiert!"
„Klar!", tönt Rupert.

Nun taucht Anders Mama auf dem Schulhof auf, sie kommt direkt von ihrer Arbeit. Er zeigt ihr schnell, dennoch stolz, die Schule, dann erst den eiverschmierten Schuh.
Seine Mama meint gelassen: „Den kriegen wir beide schon wieder sauber!"
Schließlich trudelt auch Anders Papa von seiner Arbeit ein.
Auch ihm möchte Anders gern die Schule zeigen, doch dafür hat er jetzt keine Zeit mehr: „Ich hab noch nicht alle Spiele durch. Und … und wer ganz viele Punkte hat, kriegt einen Preis …!"
Damit verabschiedet sich Anders vorübergehend von seinen Eltern und eilt zurück zu Rupert und Benno.
Seine Eltern schlendern zunächst zum Getränkestand.
Denn die Sonne hat den Tag und die Stimmung gut erhitzt.

# 1/September:

EINSTIEGSIMPULSE:

1. Welche Zahlen könnt ihr schon schreiben? Und welche Buchstaben?
2. Kleidet ihr euch gern bunt oder lieber in einer Farbe?

NACHBEREITUNGSFRAGEN:

1. Warum heißt die Geschichte „Tock – tock – hatschi“?
2. Anders macht Hausaufgaben. Wie geht die Geschichte weiter?

## Tock – tock – hatschi

Anders sitzt an seinem Fensterplatz und guckt hinaus oder übt eine Drei zu schreiben. Jetzt schaut er wieder hinaus. Penelope lärmt unten auf der Straße mit einem Ball, der immer „Tock, tock!“ macht.

Wenn Penelope hustet, wird es leiser.

„Das ist ein dummer Buntspecht da draußen!“, sagt er zu seinem Feuerwehrmann und meint mit dem Buntspecht Penelope.

Den Feuerwehrmann hat er sich im Wald gestern aus Kiefernzapfen für sein kleines Mooshäuschen gebaut.

Anders stellt sich vor, der Feuerwehrmann sei lebendig und er könne mit ihm reden: „Die hustet, weil sie keine Schuhe an hat. Es ist zu kalt geworden, um barfuß zu laufen, das weiß doch jedes Kind!“

Er schreibt die nächste Drei. Bis morgen muss er für Rechnen einen ganzen Zettel voll mit Dreien vorzeigen.

„Tock – tock – tock – tock – hatschi – tock – …“, geht es da draußen immerzu.
Er schließt sein Fenster, obwohl er gern frische Luft hat.
Nun macht es gedämpft: „Tock – tock – hatschi – tock – …“
Wieder spricht er mit seinem Feuerwehrmann: „Guck mal, wenn ich die Dreien auf den Bauch lege, dann sehen sie aus wie fliegende Vögel!“
Es kommt Anders so vor, als ob der Feuerwehrmann ihm zunicken würde.
Jetzt füllt sich der Zettel schnell mit fliegenden bunten Vögeln. Das bringt Spaß und schon ist er fertig.
Nun hat Anders eine Idee: Er baut einen Flieger aus Papier und malt einen Buntspecht darauf – wegen des „Tock, tock“ vom Ballgeräusch, denn „Tock“ macht ein Specht schließlich auch. Neben den Buntspecht zeichnet er ein Pluszeichen und daneben einen Papagei.
„Der Papagei steht da, weil Penelope so komisch bunt angezogen ist“, erklärt er dem Feuerwehrmann.
Am Ende seiner seltsamen Rechenaufgabe kommt ein „Ist-gleich-Zeichen“ und danach ein „P“. „P“ steht für „Penelope“. Das schreibt er angestrengt mit vorgeschobener Zunge. Dann öffnet er das Fenster und wirft den Flieger mit einem gekonnten Wurf auf den bunten Vogel Penelope da unten. Dazu schreit er: „R U H E!“
Einige Minuten später fliegt ein Tannenzapfen an seinem Kopf vorbei. Ein Zettel hängt daran, worauf ein Buchstabe geschrieben steht, der aussieht wie eine Schlange und den er noch nicht kennt. Anders bildet sich ein, dass der Feuerwehrmann seine Schultern heben und senken würde. Da hat er genug und läuft die Treppe hinunter.

Anders fragt Penelope: „Was heißt das, die Schlange, du bunte lästige Fliege?“
Penelope antwortet schnippisch: „Die Schlange ist der Buchstabe: ‚S‘, ‚S‘ wie Spießer, weil … hatschi … Spießer erwachsene Spaßverderber sind. Bei Spießern dürfen Kinder nicht laut sein … hatschi … dabei bist du doch auch ein Kind – aber ein Spießer-Kind!“
„Oah!“, damit dreht Anders sich um und will abdampfen. Das lässt er sich von diesem Papagei nicht sagen – er und ein Spießer-Kind, pah!
Da fliegt der Ball über ihm: „Fang!“, hört er hinter sich.
Er fängt ihn und wirft ihn zurück; ein paar Mal geht der Ball zwischen ihm und der fröhlich bunten Penelope hin und her. Mit jedem Wurf macht es mehr Spaß und irgendwie hört das Spiel gar nicht mehr auf …

## 2/September:

EINSTIEGSIMPULSE:
1. Seid ihr manchmal im Wald? Könnt ihr sagen, wie es da riecht?
2. Welche Pflanzen und Tiere kennt ihr, die im Wald vorkommen?

NACHBEREITUNGSFRAGEN:
1. Rupert möchte ein Tier mitnehmen, welches? (Laufkäfer)
2. Anders möchte nicht, dass Rupert den Käfer mitnimmt. Warum?

## Es riecht, wie es nur im Wald riecht

Der Wind bewegt die Äste leicht. Es riecht, wie es nur im Wald riecht.
Anders ruft: „Seht mal, ein grün glänzender Käfer!“
„Wo?“, fragt Benno und schaut auf seinen kleinen Alleskönner-Spielcomputer.
Rupert staunt: „Das ist sogar ein echter Laufkäfer! Der versteckt sich meist am Tag. Den nehm ich mit!“
Er kramt seine Becherlupe aus dem Rucksack hervor, in die er den Käfer hineinsetzen möchte.
Anders findet das nicht gut: „Du musst nicht alle Tiere zu Hause haben! Der Wald braucht den kleinen Käfer, denn der hilft den Waldboden von schädlichen Tieren zu säubern.“
Doch Rupert sagt zu Anders: „Aber du nimmst Blätter mit! Die braucht der Wald auch, weil die vermodern und gute Erde machen.“
Rupert legt Blätter in seine Becherlupe.
Anders zeigt Rupert einen Vogel: „Du spinnst! Die Blätter sind tot, aber der Käfer lebt.“
Rupert zeigt Anders einen Vogel: „Du spinnst selber! Ich lasse ihn im Garten wieder frei.“
Anders gibt zu bedenken, dass er dann auf die Straße krabbeln und überfahren werden könnte.
Rupert winkt ab: „Na und, es werden auch Bäume abgehauen und die können dann auch nicht mehr schlechte zu guter Atemluft machen. Ich kann doch nicht auf alles aufpassen! Oder bist du etwa ein Polizist?“
Benno mischt sich ein: „Auf den Käfer kannst du aufpassen!“

„Wer kennt sich hier wohl mit Tieren aus? Du doch wohl nicht!“, damit dreht sich Rupert wieder zum Käfer um. Dabei entdeckt er ein neues Exemplar, das er noch nicht kennt. Vorsichtig lässt er den Käfer auf seinen Finger krabbeln. Alle drei beobachten ihn und Benno macht mit seinem kleinen Alleskönner-Spielcomputer ein Foto von ihm. Zu Hause wollen sie nachsehen, was das für ein Käfer ist.

## 3/September:

EINSTIEGSIMPULSE:

1. Welche Jahreszeiten gibt es?
2. Wie ist das Wetter im Herbst?

NACHBEREITUNGSFRAGEN:

1. Was macht den Kindern in der Geschichte bei Herbstwetter Spaß?
2. Penelope kommt von den Kanarischen Inseln. Wie ist das Wetter dort?

## Der Herbstanfang fängt im Hort an

Rupert schaut im Hort aus dem Fenster: „Och, schade, draußen stürmt und regnet es!“
Anders meint: „Typisch Herbst, gerade am Herbstanfangstag will er wohl zeigen, was er kann!“

Penelope wundert sich: „Was macht denn so der Herbst in Deutschland? Auf den Kanarischen Inseln, wo ich herkomme, da ist es das ganze Jahr über meistens warm. Immer blüht dort etwas und immer ist etwas reif, was man ernten kann, sogar im Winter! Hier bei euch soll alles anders sein, denn hier sind die Jahreszeiten extremer. Das hat meine Mutter gesagt, denn sie ist Deutsche und muss es wissen. Sie hat früher hier gewohnt, bevor sie sich im Urlaub auf den Kanarischen Inseln in meinen spanischen Papa verliebte und dort blieb. Ja und dann bin ich gekommen! Jetzt sind wir alle drei nach Deutschland gezogen, weil Mama es nicht mehr aushielt, auf einer kleinen Insel zu leben. Sie wollte auch wieder in ihrem alten Beruf arbeiten, was sie auf der Insel nicht konnte und so weiter. Also, wie ist denn nun der Herbst hier?"

Anders denkt laut: „Deswegen bist du so ein bunt angezogener Vogel, ein Papageienvogel, denn wo es wärmer ist, ist auch alles bunter."

Penelope verteidigt sich und stopft schnell ihre neue bunte Brille in das Brillenetui: „Ich bin gar nicht bunt angezogen, nur nicht immer so dunkelblau, wie ihr langweiligen Jungs!"

Nele aus der zweiten Klasse ist neugierig geworden: „Wo liegen denn die Japanischen Inseln?"

Penelope überfällt plötzlich Heimweh nach ihrer alten Heimat und schluchzt auf: „Gar nicht Japanische Inseln, sondern Kanarische Inseln! Nicht in Japanien oder Kanarien liegen die, sondern in Spanien! Und da gibt's jetzt nicht bloß braune Kastanien und trockene Blätter zum Basteln, sondern frische Orangenschalen und Papageienblumen! So, jetzt wisst ihr's!"

Schnell läuft Penelope an die Garderobe. Sie zieht ihre Gummistiefel mit grün-lila Mottenmuster und ihre rot-gelb gestreifte Regenjacke an und rennt nach draußen. Als sie in tiefe Pfützen springt, sodass es bis hoch ins Gesicht spritzt und sie im Wind Hubschrauber spielt, ist ihr Kummer fast schon wieder vergessen. Die anderen Kinder, die Penelope durch das Hortfenster beim Spielen zugeschaut haben, hält es nicht mehr im Hortraum, sie rennen jetzt auch auf den Schulhof.
Nele quietscht vergnügt auf: „Wer wohl am meisten Regen trinken kann?“
„Ich, ich bin die beste Herbstregentrinkerin ... und beste Winterregentrinkerin ... und beste ...!“, dabei läuft Penelope hinüber zum Waldspielplatz-Schulhof, mit den vielen Bäumen und den Spielgeräten.

## 4/September:

EINSTIEGSIMPULSE:
1. Im Herbst gibt es in der Natur viel zu tun für Gärtner (in Gärten, auf dem Balkon, in Parks ...). Was?
2. Habt ihr schon einmal mitgeholfen?

NACHBEREITUNGSFRAGEN:
1. Macht den Kindern in der Geschichte die Gartenarbeit Spaß?
2. Nele und Anders helfen bei der Gartenarbeit. Was bekommen sie dafür?

## Anders hilft ganz viel bei der Herbstarbeit

Es ist Wochenende und Anders genießt die lernfreie Zeit. Er schnuppert die warme Herbstluft auf dem kleinen Balkon, als er Penelope und Nele auf Einrädern auf sein Haus zusteuern sieht. Nele schliddert ein wenig im Herbstlaub, das auf dem Kopfsteinpflaster liegt. Schnell will er runter laufen und seiner Mama sagen, sie soll die Tür nicht aufmachen. Aber da hat sie die Mädchen bereits hereingelassen.

Penelope fragt: „Hast du Zeit?“

Anders tut beschäftigt: „Nicht wirklich.“

„Geh doch mit!“, ermuntert ihn seine Mutter.

Nun fällt Anders keine Ausrede mehr ein: „Okay!“

Nele fragt: „Wollen wir bei dir im Garten spielen?“

Anders druckst herum.

Penelope drängt: „Sag bloß, du hast keinen Garten?“

„Doch … nein … ich hatte mal einen, also …“, Anders kommt nicht weiter.

Penelope fragt Anders aus: „Du hattest mal einen und zwar meinen, vor deinem Umzug hierher – stimmt's oder hab ich recht?”

Anders wird rot um seine Sommersprossen.

Er nickt kaum sichtbar: „Auch hier im neuen Haus gibt es hinten einen Garten und diesen Vorgarten. Aber die Gärten gehören zu den Leuten, die unter uns wohnen, zu Frau und Herrn Sturmwut, quatsch … zu Frau und Herrn Sturmflut, so heißen die. Die finden, da soll ich nicht reln, weil es ihre Gärten sind und sie dafür die Miete zahlen!“

Penelope wirft ihre langen, schwarzen Zöpfe nach hinten und bestimmt: „Ach. Also, na gut, dann ist mein Garten

eben auch dein Garten! Dafür musst du jetzt aber auch ganz viel helfen bei der Herbstarbeit!"
Anders ist selig und boxt in die Luft. Die Mädchen fahren wieder los und diesmal schliddert Penelope im Herbstlaub.
Anders fährt mit dem Roller hinterher. Auch er schliddert.
Nun fegen die Kinder Laub vor Penelopes Haus.
Schnell ist die Schubkarre voll mit welken und verrottenden Blättern.
Anders streicht sich mit sandigen Händen die Haare aus dem Gesicht und stellt fest: „Die leichten, trockenen Blätter fliegen beim Transport immer wieder davon!"
Nele hat eine Idee: „Penelope und ich setzen uns oben auf das Laub, als Laubbeschwerer sozusagen und du fährst uns mit der Schubkarre!"
Anders lacht: „Ja, ich fahre euch direkt auf den Komposthaufen!"
„Dir wird das Lachen noch vergehen!", freut sich Penelope.
Denn wie sie es voraussieht, schafft Anders es kaum, die schwere Mädchen-Laub-Fuhre auch nur anzuheben. Daraufhin muss die größere Nele aussteigen. Doch selbst nur mit Penelope als Laubbeschwerer beladen, wackelt die Schubkarre bedenklich auf der Fahrt.

Als sie mit dem Laubfegen fertig sind, entscheidet Penelope: „Jetzt müssen wir unsere Fallobst-Äpfel sammeln und schnippeln, sonst gammeln sie."
„Und essen!", findet Nele.
Schließlich isst Nele nur und Anders schnippelt nur; Penelope dagegen bestimmt nur, was getan werden

muss. Aber irgendwann geht sie ins Haus und kommt mit einem Teller Tapas heraus:
„Ich hab euch Tapas mitgebracht, das sind kanarische Vorspeisen. Mal sehen, was mein spanischer Koch-Papa da gezaubert hat, es gibt: in Meersalz gekochte, kleine Kartoffeln mit salzig-schrumpeliger Schale; dazu Mojo, eine rote Paprikasauce, Speckpflaumen, luftgetrockneten Schinken und geräucherten Ziegenkäse, Avocadocreme, Tomaten- und Mangoscheiben und Garnelen, das heißt: e i n e Garnele, hups ...“
Die Garnele nimmt sich Penelope blitzschnell als Erste – und weg ist sie!
Anders protestiert: „Die wollte ich nehmen! Ich hab gearbeitet!“
Penelope wehrt sich: „Ich hab auch gearbeitet, ohne einen Chef geht nichts!“
Nele und Anders murren.
Penelope überlegt: „Na gut, dann kriegt ihr auch jeder eine Tüte Fallobst mit!“
Nele und Anders sind der Meinung, dass das ein guter Arbeitslohn ist. Sie wollen aber jeder noch eine frische Walnuss vom Baum dazu bekommen, mit noch grüner Schale. Penelope ist einverstanden und somit werden sich alle drei einig.
Dann fallen sie hungrig über die Tapas her.

# 1/Oktober:

EINSTIEGSIMPULSE:
1. Freut ihr euch auf eure (ersten) Ferien?
2. Was möchtet ihr in den Herbstferien tun? Was könnt ihr im Herbst tun?

NACHBEREITUNGSFRAGEN:
1. Wo verbringen Rupert, Benno und Anders ihre Ferien? (Zu Hause)
2. Anders möchte in den Ferien etwas gründen. Was? (Eine Bande)

## Wir bleiben in den Ferien zu Hause

An diesem Tag haben die Kinder der Käfer-Klasse nur drei Schulstunden, denn danach beginnen die Herbstferien – ihre ersten Schulferien!

„Nochmal das Lied!“, Penelope schnellt von ihrem Stuhl hoch und hält ihren Zeigefinger in die Höhe. Dabei rutscht ihr kunterbuntes Lederarmband langsam den Arm herunter.

„Ja, nochmal, nochmal!“, wünscht sich Rupert und malt an seinem winkenden Storch weiter, der gerade seinen Flug in den warmen Süden startet.

Dann singen sie noch einmal das Lied von der winzigen Kinder-Spinne, die sich am Spinnfaden durch ihre Welt schwingt.

Plötzlich fällt Bennos Stuhl um. Das Lied verstummt.

Benno steht weinend vom liegenden Stuhl auf. Er reibt sich den schmerzenden Ellenbogen. Die Klasse lacht.
Benno boxt seinen Bruder Rupert in die Seite: „Du Doofer, du hast mir mein Zahnrad weggenommen, während ich auf meinem Stuhl hin- und herschaukelte! Nur deswegen bin ich umgefallen! Du bist schuld, du hast mich aus dem Gleichgewicht gebracht. Und jetzt gibst du gefälligst mein Zahnrad wieder her!"
Rupert verteidigt sich: „Ich male bloß meinen Storch und sonst nichts!"
Er boxt Benno zurück.
„Gong!", die Lehrerin Frau Hahn bimmelt energisch mit der Glocke und bittet damit um Ruhe.
Benno schreit: „Mit einer Hand hast du gemalt, mit der anderen mein Zahnrad weggenommen, als ich geschaukelt habe! Wetten, ich finde mein Zahnrad nach dem Unterricht irgendwo in deinen Taschen?"
Rupert wird rot: „Wehe, du gehst an meine Taschen! Was sollte ich schon mit deinem krummen Zahnrad anfangen?! Du kannst bloß nicht stillsitzen, noch nicht mal in der Schule kannst du das! Noch nicht mal richtig hin- und herkippeln ohne umzufallen kannst du!"
Dann wird Penelope sauer: „Die brüllen mir beide ins Ohr! Seid bloß leise, ihr Brüllaffen! Ich will mein Lied singen. Ich will einen schönen letzten Schultag erleben!"
„G o n g – g o n g – g o n g!", ertönt die Glocke.
Benno schimpft zurück: „Du sei mal still, du fährst in Urlaub auf die Palanischen Inseln und wir bleiben zu Hause! Da dürfen wir auch brüllen."
Penelope stemmt ihre Arme in die Seiten: „Ich fahre nach Hause auf die Kanarischen Inseln und nicht in den Urlaub, das ist ein Unterschied!"

Rupert ruft: „Du wohnst doch jetzt hier … und bist jetzt hier zu Hause … und nicht mehr auf den Palanischen Inseln! Da fährst du also doch in Urlaub: nämlich auf die Palanischen Inseln!“
Anders mischt sich ein: „Du bist doch jetzt hier zu Hause, oder?“
Penelope schluchzt: „Ich bin noch auf den Kanarischen Inseln zu Hause … und … und … hier zu Hause.“
Anders freut sich: „Dann bleibst du auch in den Ferien zu Hause, so oder so, wie wir! Also, wir anderen gründen in den Ferien eine Bande, denn wir bleiben zu Hause! Und wenn du von zu Hause wieder zu Hause bist, bist du zu Hause bei uns in der Zuhause-Bande!“
„Gong – gong – gong – gong – gong!“, macht es heftig.
Jetzt hören alle den Gong, klettern vergnügt auf ihre Plätze und freuen sich schon auf die Ferien zu Hause.

# 2/Oktober:

EINSTIEGSIMPULSE:
1. Wie sieht ein Gewächshaus aus? Aus welchem Material besteht es?
2. Wozu gibt es Gewächshäuser? Habt ihr eine Idee? Was wächst dort?

NACHBEREITUNGSFRAGEN:
1. Warum sagt Anders Opa „unser *ferner Planet*“ zum Gewächshaus?
2. Wie fühlt sich für Anders die Luft *im* Gewächshaus an? Und außerhalb?

## Anders mit Opa im *fernen Planeten*

Am ersten Tag der Herbstferien hat Anders bei seinen Großeltern übernachtet: bei Oma und Opa Gewächshaus. Er nennt sie so, weil Opa ein Gewächshaus hat und Oma gehört es auch, aber das Gewächshaus ist mehr Opas Sache. Noch vor dem Frühstück, noch fast im Dunkeln, machen Anders und Opa auf der Wiese im Garten Wassertreten.
Opa fragt: „Ist es nicht herrlich, barfuß durch den Morgentau zu waten? Eigentlich ist es schon viel zu kalt dafür, aber es härtet mich ab und ich bin auch dadurch fast nie krank.“
Anders ist mit seinen kühlen, nassen Füßen und den Gräsern beschäftigt, die durch seine Zehen streifen: „Seltsam, Penelope muss immer niesen, wenn sie barfuß läuft

und es draußen frisch ist. Hui, sind da viele Spinnweben heute Nacht hingekommen – und wie viele!“

Opa erwidert: „Die Tautröpfchen auf den Spinnweben machen die Spinnweben erst richtig sichtbar.“

Dann halten sie vor der Gewächshaustür. Das Gewächshaus liegt im letzten Winkel vom Garten, ganz versteckt hinter einem kleinen Hügel.

„Geschafft!“, sagt Anders zufrieden beim Aufschieben der Tür.

Die Tür ist in Bodennähe umrankt von Gräsern, dadurch klemmt sie ein bisschen.

„Dann rein mit dir in unseren *fernen Planeten*!“, sagt Opa spaßig und schiebt die Tür von innen wieder zu.

Anders fühlt: „Au ja, *ferner Planet* steigt mir in die Nase und kribbelt so überall. Es riecht, als schwitze ich wohl.“

Opa erklärt: „In unserem *fernen Planeten* gibt es ein Wetter wie in einem südlichen Land, es ist darin feucht und hitzig. Das entsteht durch die vielen Glaswände im Gewächshaus und durch die Sonne, die darauf scheint. Das mögen manche Pflanzen und wachsen dadurch viel schneller.“

Anders tut, als ob er wächst: „Dann bin ich auch eine Pflanze, ich mag auch das Wetter im *fernen Planeten*. Sieh mal, wie schnell ich wachse! Ist das so wie auf den Topanischen Inseln?“

Anders Opa antwortet: „Die ‚Topanischen Inseln‘ kenne ich nicht. Aber es ist zum Beispiel ein bisschen wie in Spanien oder in Italien.“

Anders meint: „Sag ich doch, Spalanien! Wachsen dann auch Bananen hier?“

Opa überlegt: „Nun, Bananen nicht gerade, aber unser Feigenbaum dort trägt manchmal reife Früchte.“

„Und jetzt will ich Trauben ernten“, doch Anders reicht mit dem Arm nicht an sie heran. Zu hoch hängen die schweren, vollen Trauben, die sich an einer langen Stange unter dem Gewächshausdach entlang hangeln.
Opa pflückt ihm ein paar Früchte, die einen süßlichen Geruch verbreiten und ebenso süß schmecken.
„Jetzt wachsen überall Trauben“, findet Anders, weil er die Kerne auf die Beete spuckt.
„Komm, wir holen uns Gefäße! Nach dem Frühstück können wir ernten“, und damit schiebt Opa die Gewächshaustür wieder auf.
Anders übernimmt mit aller Kraft das Schließen der Tür: „Puh, fast geschafft!“ Und er stellt fest: „In dem *Planeten* vor der Tür riecht es nicht so, als ob ich schwitze!“
„Ja, hier draußen ist es eher kühl und trocken, das kommt weil …“, will Opa gerade erklären, als Anders bereits vergnügt kreuz und quer vor ihm her hüpft.
Er macht ein Spiel mit seinem Opa: „Wer den ersten Parasol-Pilz findet, der bekommt ihn von Oma in der Pfanne gebraten!“
Beide suchen auf dem Weg zum Frühstück um die Wette nach den langstieligen breit behüteten Pilzen.
„Auch schön, der *nahe Planet*!“, denkt Anders zufrieden.

# 3/Oktober:

EINSTIEGSIMPULS:
Jedes Jahr im März wird die Uhr um eine Stunde vorgestellt und damit von der Winter- auf die Sommerzeit. Im Herbst werden die Uhren um eine Stunde zurückgestellt, auf Winterzeit. Wann gewinnt ihr eine Stunde und wann verliert ihr eine Stunde? (Umstellung von Winterzeit auf Sommerzeit: Man verliert eine Stunde / Umstellung von Sommerzeit auf Winterzeit: Man gewinnt eine Stunde)

NACHBEREITUNGSFRAGE:
In der Geschichte erzählt Nele davon, dass ein Mensch, der am 29. Februar Geburtstag hat, nur alle vier Jahre Geburtstag hat. Stimmt das?

## Trine hat immer eine Stunde mehr Geburtstag

Anders und Nele sehen der kleinen Trine und ihren Geburtstags-Gästen von Weitem zu, wie sie kreischend Wasserbomben an einen Baum werfen.
Anders sagt: „Och, schade, ich möchte auch gern heute Geburtstag haben, wie Trine, deine kleine Schwester."
„Wieso denn?", fragt Nele.
„Na, weil heute Ende der Sommerzeit ist und da werden doch alle Uhren zurückgestellt. Dadurch hat Trine immer eine Stunde länger Geburtstag als ich an meinem Geburtstag und bekommt eine Stunde länger Geschenke als ich."

Aber Nele hinterfragt: „Nö, eine Stunde weniger Geburtstag hat die als du! Oder mehr? Ach, pfeif doch der Kuckuck drauf! Dann sei froh, dass du nicht im Schaltjahr, am 29. Februar, geboren wurdest!"
Anders ärgert sich, dass sie immer etwas weiß, was er nicht weiß. Nur weil sie bloß ungefähr zwei Jahre älter ist als er? „Schon wieder ungerecht!", denkt er. „Und was soll das mit dem Jahr da? Das weißt du ja selbst nicht mal!"
Nele hält dagegen: „Doch, weiß ich wohl, ätschmanbätsch! Denn hättest du am 29. Februar Geburtstag, dann hättest du nur alle vier Jahre Geburtstag, weil es den 29. Februar nur alle vier Jahre gibt."
Anders glaubt ihr nicht: „Quatsch mit Ravioli! Dann würde ich auch nur alle vier Jahre Geschenke kriegen, das geht doch nicht."
Nele triumphiert: „Und du wärst erst ein Jahr alt … warte, oder zwei …?"
Da kommt Anders jetzt nicht mehr mit.
„Es ist doch nicht so schlimm, dass Trine eine Stunde länger Geburtstag hat als ich!", entscheidet Anders und kommt ins Grübeln. „Oder verdreht nochmal, eine Stunde weniger Geburtstag hat die? Oder doch eine mehr? Ach, oder lasst mich doch bloß mal alle rumpeldipolter kreuzweise in Ruhe!"
Dann versucht er rückwärts, auf einem Bein, nach Hause zu hüpfen.

# 4/Oktober:

EINSTIEGSIMPULSE:
1. Wozu stellt man Kürbismasken vor die Tür? Will man damit Geister vertreiben oder einladen?
2. Glaubt ihr an Geister? Feiert ihr Halloween?

NACHBEREITUNGSFRAGEN:
1. Was erfahrt ihr über die Kürbisscheune aus der Geschichte? Wie sieht sie aus?
2. Die Jungen schnitzen Kürbisse. Wo und wie in der Scheune?

## Geister und Hexen zu Kürbissuppe einladen

„Immer müsst ihr arbeiten! Heute ist der letzte Kürbisscheunentag und alle sind schon hingefahren, nur wir nicht!", Anders knallt die Wohnzimmertür vor seiner Mama zu.

Zwei Stunden später steht Anders vor der Kürbisscheune. Anders hatte Klaro angerufen und gefragt, ob er und sein Vater Zeit hätten, mit ihm in die Kürbisscheune zu fahren und sie hatten.
„Nun könnt ihr richtig furchterregende Kürbisfratzen schnitzen, was Männer?", Onkel Tü hält Anders und Klaro je eine Hand hin.
Beide schlagen kräftig ein.
Voller Tatendrang erstürmen die jungen Männer den Laden.

Onkel Tü erklärt den Jungen: „Wisst ihr eigentlich, dass unsere Halloween-Tradition mit den Kürbismasken eigentlich erst in den 1990er-Jahren zu uns nach Deutschland gekommen ist, aus den USA und von den Britischen Inseln? Es hatte mal zu tun mit …"
Doch Klaro unterbricht seinen Vater und drängt zu den Kürbissen: „Pappo, wir sind nicht in der Schule, das hast du tausendmal gesagt! Das wissen wir alles schon längst."
Beide Kinder dürfen sich je einen mittelgroßen Kürbis aussuchen und während sie sie bearbeiten, schaut sich Onkel Tü die ländlichen Herbstwaren in den Regalen und auf den Heuballen in der Scheune an.

Am Scheunenbasteltisch reißt Anders mit seiner bloßen Hand das innere weiche orangene Fleisch aus der aufgeschnittenen Kürbisfrucht: „Das matscht und trieft so prima! Fein, mit der bösen Kürbismaske fühlen sich alle Geister und Hexen und Halunken gleich wohl bei mir zu Hause. Sie kommen allerdings auch, um Kürbissuppe zu schlürfen, also, alles Fruchtfleisch aufheben und in die Tüte damit!"
Klaro sägt mit großer Anstrengung ein Glubschauge aus der Kürbishülle aus: „Wir fragen Pappo, ob ich bei dir übernachten kann. Dann können wir uns schlimme und gruselige Spiele für die wüsten Wesen ausdenken: Drachenfeuerweitfeuern und Ringelnatterschnellringeln und … und … noch viel mehr …."
Langsam wird es ihnen kühl, in der schattigen Scheune. Sie waschen ihre orange gefärbten Hände und Arme in einem Wassereimer.

Nach kurzem Besuch im Kuhstall nebenan, fahren die Jungen mit Onkel Tü und den Kürbismasken wieder heimwärts.

Herbst

## 1/November:

EINSTIEGSIMPULSE:

1. Hat euch schon einmal ein freilebendes Tier erschreckt? Wo? Wie? Hatte das Tier auch Angst vor euch?
2. Mögt ihr Tiere? Welche?

NACHBEREITUNGSFRAGEN:

In der Geschichte fällt ein Eichhörnchen durch das Dachfenster in Anders Zimmer, mitten in der Nacht.

1. Was erleben Anders und das Tier?
2. Wie kommt es aus dem Zimmer wieder heraus?

# Wintervorrat

Es macht krawumm und Anders zuckt zusammen, ganz fürchterlich ist ihm zumute, mitten aus dem Schlaf wird er gerissen.

Er wimmert: „Was ist los? Mama!“

Wieder krawumm, der Stuhl fliegt um. Zwei Augen starren ihn aus der Dunkelheit an. Anders starrt zurück. Keiner rührt sich. Wie ein Bankangestellter bei einem Überfall heimlich den Notrufschalter ertastet, so tappt Anders jetzt todesmutig nach dem Lichtschalter neben seinem Bett. Vielleicht sieht jemand von draußen das Licht und eilt ihm zu Hilfe? Dann wird es hell. Er schaut genau in die Augen eines Eichhörnchens. Es schreckt vor der plötzlichen Helligkeit hoch und sucht panisch den Ausgang aus dem Zimmer. Der Nussteller liegt zerbrochen auf der Erde und die letzte Nuss lässt das Eichhörnchen beim Weglaufen fallen.

„Ganz ruhig, ganz ruhig, liebes Hörnchen, ich tu dir nichts! Ich helfe dir, ja?“, er steigt vorsichtig aus seinem Bett.

Anders kombiniert: „Die Dachluke ist noch offen, das Dach ist zu schräg, das Kippfenster zu wenig offen und zu weit vom Boden entfernt, da findet das Eichhörnchen jetzt nicht wieder hinaus.“

„Die Natur kennt halt die Kippfenster nicht!“, sucht Anders vor sich hinplappernd eine Lösung.

Das Eichhörnchen springt voller Angst im Raum herum, manchmal auch gegen die Wand: „Autsch, das tut doch weh, Eichhörnlein, hab keine Angst! Warte … hier … so machen wir das, da kannst du rauskommen!“

Er macht die Hüpfschritte für das Eichhörnchen mit seinen Händen vor. Das Eichhörnchen scheint zu verstehen und hüpft vom Stuhl auf die Schatzkiste oben auf; von da an aus dem weiter geöffneten Fenster auf das Dach – nicht ohne sich vorher noch die letzte Nuss vom Stuhl geschnappt zu haben, die Anders ihm dort hingelegt hat.

„So ist es gut, mein Eichhörnchen, die Nuss brauchst du für die Winterruhe, damit du nicht frierst!“

Anders nimmt die Schatzkiste vom Stuhl herunter, steigt auf den Stuhl und schaut zum Kippfenster hinaus: „Komm bald wieder zu Besuch, Eichhorn, wenn deine Vorräte alle sind! Nur dass du das weißt: Du bist lieb! Tschüss, mein Eichhorn!“

# 2/November:

EINSTIEGSIMPULSE:
1. Wisst ihr, was ihr einmal werden wollt, wenn ihr groß seid?
2. Welche Berufe findet ihr noch interessant?
3. Welche anderen Berufe kennt ihr?

NACHBEREITUNGSFRAGEN:
1. Penelope will in der Geschichte mit Nürsel „Arbeiten“ spielen. Wie machen sie das?
2. Welche Berufe fallen ihnen ein? Gibt es die wirklich?

## Was wir mal werden wollen

Penelope ist jetzt die beste Freundin von Nürsel in der Käfer-Klasse.
Beide machen zusammen Hausaufgaben in Sachkunde und bestimmen bunte Herbstblätter. Die Blätter und außerdem essbare Beeren haben sie vorher gemeinsam gesammelt. Die giftigen Beeren oder solche, die sie nicht kennen, haben sie gleich hängen gelassen. Das brauchte man ihnen gar nicht erst zu erklären.
Penelope zieht ihre warme Strumpfhose hoch und entscheidet: „Jetzt will ich ‚Arbeiten‘ spielen!“
Nürsel stöhnt: „Müssen wir etwa schon wieder arbeiten?“
Penelope bleibt dabei: „Ja, wie die Erwachsenen, die schuften auch immer!“
Nürsel macht mit: „Na gut, was willst du denn mal werden, wenn du groß bist?“

„Hm … erst du!", Penelope fällt einfach nichts ein.
Beide überlegen lange. Dabei kämmen sie Friederikes und Fatimas dicke Puppenhaarschöpfe.
Nürsel hat endlich eine Idee: „Ja, genau, ich will mal eine große Reisende werden!"
Penelope verdreht die Augen: „Das geht gar nicht, große Reisende ist doch überhaupt kein Beruf!"
Nürsel sieht das anders: „Doch geht das! Na klar, kann ich Reisende werden!"
„Stimmt gar nicht!"
„Wohl stimmt das!"
„Stimmt nicht!"
„Stimmt doch. Basta!"
Dann hat Penelope einen Einfall: „Gut, dann werde ich eben Pfefferkuchenhäuschenfrau!"
Nürsel wird wütend: „Das ist dummes Zeugs, Pfefferkuchenhäuschenfrau kann man nun wirklich nicht werden!"
Penelope wird auch wütend: „Aber wenn du Reisende werden kannst, dann kann ich auch Pfefferkuchenhäuschenfrau werden!"
„Du spinnst!"
„Du spinnst!"
Dann ist es ruhig.
Beide Mädchen versuchen ihre Puppen noch hübscher zu machen, als sie schon sind. Beim Lippen-Anmalen, mit einem alten Lippenstift von ihrer Mama, fällt Penelope dann plötzlich etwas Neues ein:
„Ja genau, ich werde Kellnerin! Und wenn ich dann … wenn ich dann gut bin, werde ich Chefin von meinem eigenen Café. So!"
Nürsel hört auf, die Haare von Friederike zu flechten: „Und was soll das für ein Café sein?"

Penelope überlegt: „Na, mmh … ein Draußen-Café, wo man im November noch draußen sitzen kann. Und da kann man auch deinen selbstgebackenen Kuchen kaufen und mitnehmen … und …“
Nürsel wackelt mit ihrem Zeigefinger: „Ne, ne, Kuchen gibt’s nicht von mir, ich reise doch. Auch in der Türkei bin ich auf Reisen, wo ich nämlich herkomme. Da geh ich immer essen und hab keinen Ofen dabei.“
Penelope wird ungeduldig: „Gut, dann spielen wir jetzt, dass du eine Reisende bist und … und ganz hungrig in mein Café kommst. So! Das ist aber auch schwierig mit dir!“
Nürsel fasst sich an die Stirn: „Au Backe, wir wollten ja mit Trines Mutter, Nele und Anders Klein-Trine abholen, zum Laternelaufen!“
Mit wichtiger Miene sagt Penelope: „Oh jemine, ist denn schon Martinstag? Dabei müssen wir doch gerade arbeiten. Und das soll man nie verschieben!“

# 3/November:

EINSTIEGSIMPULS:
Wart ihr in den letzten Tagen einmal traurig? Warum? Wart ihr allein damit? Oder hat euch jemand getröstet? Wer? Wie (zum Beispiel durch Zuhören, in den Arm nehmen …)?

NACHBEREITUNGSFRAGEN:
1. Penelope ist in der Geschichte am Anfang traurig. Warum?
2. Anders will Penelope trösten. Wie? Gelingt es ihm?

## Penelope ist traurig und Anders hat ein Geheimnis

Anders fragt Penelope in der Pause: „Warum lachst du nicht mehr, wenn ich Grimassen schneide?“
Penelope geht weg. Anders geht hinter ihr her.
Nun schildert sie es ihm: „Ich bin traurig, weil es hier so kalt ist. In Spanien konnten wir immer draußen spielen und die Luft war schön warm und irgendwie schwitzig.“
Dann läuft Penelope auf den Waldspielplatz-Schulhof, ihren Lieblingsschulhof mit den vielen Bäumen und Spielgeräten.
Später im Hort malt Anders für Penelope einen Paradiesvogel, so schön bunt, wie Penelope immer angezogen ist. Doch sie steckt das Bild nur schnell in ihren braunrosa Flicken-Sportbeutel und rennt auf die Toilette. Daraufhin kommt Anders eine Idee und schmiedet einen Plan.

Einige Zeit später geht Anders zu Penelopes Haus: „Ich muss dir ein Geheimnis zeigen!"
„Aber nur kurz!", Penelope kommt mit zum Spielen.
Anders rät: „Du solltest dir eine wärmere Jacke anziehen, sonst frierst du! Wie du siehst, kann der Spätherbst stürmisch sein."
Penelope erwidert: „Lieber friere ich und kann dafür meine Jacke mit den bunten Männlein tragen."
Anders nimmt seinen Schal ab: „Du musst meinen Schal um die Augen binden, denn von dem Geheimnis darf sonst keiner etwas wissen und du darfst nichts sehen, damit du vom Weg dahin nichts ausplaudern kannst."
Das findet Penelope aufregend. Anders nimmt ihre Hand und führt sie.
Dabei hat Penelope das Gefühl, als sei der Weg sehr weit, den sie mit verbundenen Augen geht. In Wirklichkeit führt Anders sie nur an ein paar Häusern vorbei und durch einen Garten. Mit der Zeit wird sie mutiger und geht schneller, auch wenn sie dabei einmal kurz hinfällt.
Schließlich erreichen sie das Gewächshaus von Anders Opa, das er sich als Ziel ausgedacht hatte. Anders schiebt mit Mühe die mit Gräsern verwachsene Tür vom Gewächshaus auf und seine Freundin hinein. Penelope hat plötzlich das Gefühl, in ihrer alten Heimat zu sein, auf den Kanarischen Inseln, denn die Luft fühlt sich auf einmal warm und schwitzig an. Sie reißt sich den Schal ab und schaut sich staunend im Gewächshaus um. Darin herrscht ein anderes Klima als draußen. Den Wind kann man noch hören und sehen, wie er um das Gewächshaus fegt und die Bäume zerzaust und biegt. Penelope wird es langsam warm in ihrer dünnen Jacke.

Anders hält zwei Finger hoch: „Aber du darfst das niemandem verraten! Dies ist das Gewächshaus von meinem Opa und ich habe es bis jetzt noch keinem von meinen Freunden gezeigt – außer dir. Manchmal komme ich allein hier her, ohne dass mein Opa es weiß, es ist also mein Geheim-Versteck! Es gibt hier außerdem einen Ort, wo ich meine wichtigen Sachen verstecke. Schwör, dass du das für dich behältst! Sonst … sonst …"
Penelope verspricht mit großen Augen: „Großes Ritter-Ehrenwort!"
„Hier!", Anders hält ihr stolz einen kleinen Blumentopf hin.
„Was soll ich mit dem alten Topf anfangen, da ist doch gar nichts drin?"
„Doch ist da was drin!"
Jetzt sieht Penelope ein winziges Pflänzchen.
Verwundert fragt sie: „Und was ist das für ein krummer Wurm?"
Anders ist wütend: „Das ist eine Papageienblume, du bunter Papagei! Dafür hab ich extra Bilder gemalt und sie an Onkel Tü und die Nachbarn verkauft. Das Geld habe ich deinem Papa gegeben, damit er mir davon heimlich Papageienblumen-Samen besorgen sollte. Er hat sie dann aus dem Internet bekommen oder sie von euren Verwandten mitbringen lassen, die gerade von den Kanaren bei euch zu Besuch sind. Das weiß ich nicht so genau. Damit du wieder lachst, wenn ich Grimassen schneide! Und du erkennst nicht mal, was es ist!"
„Aber ich bin kein Papagei!", schimpft Penelope und stampft mit dem Fuß auf, der in einem türkis-pink geblümten Turnschuh steckt. Dann rennt sie weg.

Später, in seinem Kinderzimmer schluchzt Anders in sein Kuscheltier, den Löwen.
Und er haut in sein Kissen: „Aber Papageienblumen sind auch schön bunt, das hab ich im Fernsehen gesehen, wie Papageien eben ... und ... und so, wie Penelope angezogen ist.“

Später, in ihrem Kinderzimmer holt Penelope das zerknitterte Bild aus dem Sportbeutel, das mit dem darauf gezeichneten bunten Paradiesvogel. Sie streicht es glatt und klebt es mit gekauten Kaugummistückchen über ihr Bett. Der Paradiesvogel auf dem Bild trägt eine bunte Brille – genau wie Penelope.

## 4/November:

EINSTIEGSIMPULSE:
1. Wart ihr schon einmal im Theater? Wo und wann? Was habt ihr gesehen?
2. Habt ihr schon einmal selbst Theater gespielt? (Z. B. Kasperletheater)

NACHBEREITUNGSFRAGEN:
1. Welches Stück sehen die Kinder in der Geschichte? Wie ist die Handlung?
2. Gefällt den Kindern das Stück und der Theaterbesuch? Was denkt ihr?

## Wer lacht denn da im Theater?

Im Kindertheater beginnt das Weihnachtsstück: „Das lachende Wasserungeheuer!“

Rupert sitzt vorn und packt knisternd sein Käseknäckebrot aus.

„Das stinkt!“, flüstert Anders neben ihm und hält sich die Nase zu.

Aber jetzt hat Anders auch Appetit auf ein Käseknäckebrot: „Krieg ich auch eins?“

„Hier, du Käsefuß!“ tuschelt Rupert und gibt ihm eins.

Raschel, raschel, macht das Butterbrotpapier. Knäcke, knäcke, macht das Knäckebrotkauen. Ihre Lehrerin Frau Hahn sitzt in der hintersten Reihe. Sie gestikuliert mit den Armen und schüttelt den Kopf, aber die Käseknäckebrotesser sehen es nicht.

Anders schaut dem Theaterspiel auf der Bühne zu.

Er hat den Anfang verpasst und fragt Rupert: „Was macht das kleine Ungeheuer da so allein im Meer? Es sieht noch sehr jung aus, hat es denn keine Eltern, die auf es aufpassen?“

Rupert weiß es auch nicht.

Anders überfällt plötzlich die Angst, dass böse Haie oder Walfische auftauchen und dem kleinen Ungeheuerlein etwas antun könnten. Er denkt, bestimmt kennt es die Wasserwelt mit ihren vielen Gefahren noch nicht. Am liebsten möchte er das Ungeheuerlein beschützen, darum stellt er sich kampfbereit hin, falls einmal Gefahr drohen sollte. Ein Kind, das hinter ihm sitzt, drückt ihn wieder auf seinen Stuhl herunter, weil es sonst nichts sehen kann.

Dann erscheint auf der Bühne das lustige Mädchen Tipp-Tipp, das eine Fischmaske trägt.
Das Ungeheuer freut sich über dessen Gesellschaft: „Was bist du denn für eine seltsame Wasserschnecke?“
Tipp-Tipp erzählt von sich: „Ich bin keine Schnecke, sondern ein Menschenkind. Normalerweise kann ich unter Wasser nicht atmen, sondern nur an Land. Seitdem ich aber diese kostbare Fischmaske mit Kiemen von einem Freund meiner verstorbenen Eltern geschenkt bekommen habe, kann ich doch unter Wasser Luft bekommen.“
Das kleine Ungeheuer nagt an einer Alge: „Ich kann schon seit meiner Geburt unter Wasser atmen.“
Tipp-Tipp tanzt jetzt einen urigen Wassertanz. Das Ungeheuer lacht, weil Tipp-Tipp so tapsig und froh dabei aussieht und ihn mit ihrer Fröhlichkeit ansteckt. Auch Anders lacht und tanzt im Sitzen mit.
Auf die Bühne kommen jetzt viele junge Freunde von Tipp-Tipp geschwommen, zum Beispiel ein Hundertflossen-Dinosaurier und eine eckige Qualle. Anders kann sich nicht satt sehen an den fantasievoll kostümierten Gestalten im Theaterstück.
Überraschend taucht der gefährliche sowie gefürchtete Sägefisch in einem Strudel auf.
Er versteckt sich hinter einem großen Stein am Meeresboden, beobachtet die Tiere und Tipp-Tipp: „Mmh, Meeresungeheuer mag ich besonders gern fressen, ganz besonders die zarten jungen, die noch keine Gräten haben. Das wird ein leckeres Abendbrot!“
Anders, Benno und Rupert bekommen einen riesigen Schrecken und warnen lauthals die lieben Tiere und Tipp-Tipp auf der Bühne: „Vorsicht, da hockt der Sägefisch! Er will Ungeheuerlein fressen! Zeigt's ihm!“

Wenig später sinken Anders, Benno und Rupert erleichtert in ihre Theaterstühle zurück, weil Tipp-Tipp und ihre Freunde den Sägefisch trickreich verjagt haben – mit ihrer gemeinsamen Fröhlichkeit und ihrem Lachen! Denn vor so viel Lebensfreude hat der Sägefisch große Angst. Am Ende der Vorstellung mag Anders nicht aufstehen. „Noch mehr Abenteuer!“, denkt er.

Vor dem Theater stellt sich die Klasse in Zweierreihen auf. Anders fängt so urig an zu tanzen wie Tipp-Tipp im Stück, unter Wasser. Er wackelt dabei mit dem Po. Dann tanzen fast alle aus der Klasse auf diese Art.
Es wird eine lustige Heimfahrt mit dem Bus.

## 1/Dezember:

EINSTIEGSIMPULSE:
1. Kann ein Wunsch in Erfüllung gehen, wenn man ihn sich wirklich sehr wünscht?
2. Wer hatte einmal einen Wunsch, der später in Erfüllung gegangen ist?

NACHBEREITUNGSFRAGEN:
1. Was wünscht sich Anders in der Geschichte?
2. Was glaubt er, muss er tun, damit sein Wunsch in Erfüllung geht?
3. Geht sein Wunsch in Erfüllung?

# Der Nikolauswunsch

Beim Zähneputzen will sich Anders etwas vom Nikolaus wünschen. Zum Glück weiß er schon, wie Wünsche in Erfüllung gehen: Nämlich, wenn man eine Wimper findet, sie auf den Finger legt, sich etwas wünscht und dann die Wimper wegpustet! Es ist dabei wichtig, alles richtig zu machen. Er hält die Zahnbürste mit dem Mund fest und sucht nach einer Wimper, ob irgendwo eine hängengeblieben ist: auf der Nase zwischen den Sommersprossen oder im Bauchnabel oder am Schlafanpolter – so nennt er seinen Schlafanzug.
„Keine Wimper da!“, stöhnt Anders.
Er klemmt die Zahnbürste auf der anderen Mundseite fest und pult Fusseln zwischen seinen Zehen heraus.
Da hat Anders eine Idee: „Ich rupfe mir eine Wimper aus!“
Doch als er versucht, sich eine Wimper herauszuziehen, bewegt sich das ganze Augenlid mit, sodass er es lieber sein lässt.
„Na klar, ein Kopfhaar reicht auch!“, entscheidet er.
Das Ausrupfen ziept etwas auf der Kopfhaut.
Statt einem Haar hat er mehrere in der Hand: „Welches Haar soll ich nehmen?“ Schnell hängt er ein Kopfhaar über die Kuppe vom Zeigefinger – schließt die Augen – spricht seinen Wunsch still aus – schwört, den Wunsch niemals zu verraten – pustet das Haar weg – pustet noch einmal, weil es an der Zahnpasta an seinem Finger kleben bleibt – nochmal – da hilft er nach und schnipst das Haar vom Finger.
„Oh, die Zahnputzuhr ist schon durchgelaufen, dann bin ich fertig!“, stellt er zufrieden fest.

Anders schenkt seiner Mama und seinem Papa noch einen flüchtigen Kuss. Heute will er allein ins Bett gehen.

Morgens wacht er auf und sprintet zur Tür.
„Ui!“, staunt Anders.
Tatsächlich hat der Nikolaus etwas in seinen blank geputzten Stiefel gelegt.
„Mein Wunsch!“, erinnert sich Anders und wird auf einmal traurig. „Ich muss etwas falsch gemacht haben! Es sollte doch der ganze Flur mit gefüllten Stiefeln vollstehen, für alle Kinder aus der Klasse und auf der ganzen Welt, die keinen Stiefel bekommen. Es sind doch alle Kinder lieb, lieber Nikolaus! Och, Manno! … Was ist nur schiefgelaufen? Vielleicht weil es keine richtige Wimper war oder weil das Haar nicht gleich weggeflogen ist … oder weil … oder … ?“
Dann kann es Anders nicht mehr aushalten, er muss seinen Stiefel auspacken. Was da alles zum Vorschein kommt, sogar ein hübscher Block mit Stift und ein kleiner Holzkreisel!
Anders nimmt sich vor: „Aber im nächsten Jahr, da mach ich alles richtig mit der Wimper!“
Dann stürzt er glücklich in das Schlafzimmer der Eltern, um sie zu wecken und ihnen seine Schätze zu zeigen.

# 2/Dezember:

EINSTIEGSIMPULSE:
1. Was macht der Winter mit der Natur?
2. Was mögt ihr am Winter? Was mögt ihr nicht so gern am Winter?

NACHBEREITUNGSFRAGEN:
1. Zu der Geschichte: Mag Penelope den Winter? Warum?
2. Mag Anders den Winter? Warum?

## Penelope und Anders haben keine Lust

Anders tippt Penelope im Gewächshaus von hinten auf die Schulter: „Was hast du?"
Sie grummelt: „Ich habe keine Lust auf Winter!"
„Dann habe ich auch keine Lust auf Winter, Penelope!"
Plötzlich fällt ihm auf: „Mensch, Penelope ist voll lang!"
„Ich bin nicht lang!"
„Ich meine, *Penelope* ist lang!"
„Aber sag ich doch, ich bin nicht lang. Grrr!"
„Dein Name, dein Name *Penelope* ist lang; nicht du bist lang! Grrr!"
Da schlägt Penelope vor: „Ach so, dann sag doch *Pen* zu mir! *Pen* heißt Füller oder irgend so ein Schreibding auf Englisch, sagt Mama. Sie nennt mich oft so."
Anders verschränkt die Arme: „Gut, dann haben Pen und Anders keine Lust auf Winter."

Penelope streicht sich eine lose Haarsträhne hinters Ohr: „Vielleicht im nächsten Jahr, vielleicht haben wir da Lust auf Winter."
Anders ist gleicher Meinung: „Genau! … Aber sag mal, Pen, du kommst doch von den Kanarischen Inseln, dann kennst du gar keinen Schnee. Das weiß ich von Opa. Er sagt, auf den Kanarischen Inseln und im Gewächshaus ist es warm und es gibt weder da noch hier Schnee. Ätschmanbätsch. Aber Schnee ist toll und ich kenn den und ich kenn den", verfällt Anders in einen Singsang.
Penelope stellt sich auf ein Bein und versucht, nicht zu wackeln: „Ist mir schnuppe! Auf Schnee hab ich auch keine Lust, denn der soll kalt sein, sagt Mama. Die weiß das, denn die ist in Deutschland geboren und nicht wie Papa in Spanien."
Anders schwärmt: „Warte ab, bis der Schnee kommt! Du wirst schon sehen! Du wirst schon sehen!"
Penelope stellt sich auf das andere Bein: „Ne, ich hab keine Lust auf deinen kalten Schnee. Der Winter soll nicht anfangen!"
Anders findet: „Dann hab ich eben auch keine Lust mehr auf Schnee! Nie mehr!"
Anders formt aus feuchter Erde einen Stern:
„Pen, wollen wir jetzt Plätzchen backen, für den dritten Advent?"
„Oh ja, du machst die Plätzchen und ich back die Kerzen!"
Penelope rollt eine Sandkerze zwischen den Händen. Als sie zerbricht, nimmt sie neuen Sand.

# 3/Dezember:

EINSTIEGSIMPULSE:
1. Feiert ihr zu Hause Weihnachten? Wie feiert ihr?
2. Gibt es anstelle von Weihnachten andere Feste und Bräuche, die ihr im Winter feiert? Wie?

NACHBEREITUNGSFRAGEN:
In der Geschichte malen die Kinder ein Weihnachtsbild oder ein Weihnachtsferienbild oder ein Winterbild. Was würdet ihr malen? Wie?

## Weihnachten ist nicht immer gleich

Kurz vor den Weihnachtsferien ist die Käfer-Klasse festlich geschmückt, es riecht nach Tannenzweigen und getrockneten Mandarinenschalen.
Beim Morgenkreis fragt die Lehrerin Frau Hahn in die Runde: „Wie feiert ihr zu Hause Weihnachten?"
Anders kann es kaum abwarten, bis er aufgerufen wird: „Da, da kommt der Weihnachtsmann! Mama, die hat den einmal gerade noch übers Dach huschen gesehen, dann war er weg! Vorher hat er noch die Baumkerzen angezündet."
Nun vergessen die Kinder vor Aufregung, dass sie sich melden sollen. Penelope ruft dazwischen: „Aber bei uns ist das so: Meine Mama kommt aus Deutschland und die sagt immer, dass das Christkind am Weihnachtstag kommt, weil das hier so ist. Wir finden dann immer Christ-

kindhaare im Wohnzimmer. Und dann … und dann kommen noch die Heiligen Drei Könige am Dreikönigstag, so Anfang Januar, sagt mein spanischer Papa, weil das auf den Kanarischen Inseln so ist. Die Heiligen Drei Könige bringen die Geschenke in Spanien."
Rupert berichtet: „Benno und ich, wir sind ja Deutsche. Aber unser Papa wohnt seit ein paar Jahren in den Niederlanden, getrennt von uns und Mama. Eigentlich finde ich das auch richtig schade, besonders zu Weihnachten. Na ja, er hat erzählt, wie sie dort Weihnachten feiern: Da kommt der Sinterklaas am Nikolaustag und dann gibt es die Geschenke. Der Sinterklaas ist so wie ein Weihnachtsmann in Deutschland."
Sein Bruder Benno fällt ihm ins Wort: „Oder Sinterklaas ist wie das Christkind in Deutschland oder irgendwie wie die Heiligen Drei Könige für Penelopes Papa …"
Die Klassenlehrerin Frau Hahn unterbricht ihn: „Danke, Benno, das ist gar nicht einfach zu erklären, nicht?
Wie sieht es denn bei dir zu Hause aus, Nürsel? Gibt es türkische Feste, die ihr im Winter feiert oder habt ihr andere Traditionen?"
Nürsel überlegt lange.
Schließlich fällt ihr ein: „Eigentlich ist Weihnachten nicht immer gleich … es ist doch bei jedem anders … ich weiß gar nicht, was Weihnachten bei mir ist? Ich bin … ich glaube, einen Glauben … weil … huh …"
Letztendlich macht die Lehrerin einen Vorschlag: „Wenn uns die Worte fehlen, dann malen wir einfach! Wir zeichnen jetzt alle ein Weihnachtsbild oder etwas, was uns dazu einfällt oder es kann auch ein Weihnachtsferienbild sein oder ein Winterbild."

Schnell legen die Kinder die Malblöcke und die Buntstifte auf die Tische.

## 4/Dezember:

EINSTIEGSIMPULSE:
1. Was bedeutet Weihnachten für euch?
2. Was gefällt euch gut an der Weihnachtszeit? Was gefällt euch nicht so gut an der Weihnachtszeit?
3. Soll alles so bleiben wie es ist? Oder was möchtet ihr daran ändern?

NACHBEREITUNGSFRAGEN:
1. Die Kinder in der Geschichte hecken einen Plan aus. Welchen? Gelingt ihnen ihr Vorhaben?
2. Wie denken die Erwachsenen darüber?

## Weihnachten nach Plan

Am Weihnachtsmorgen freut sich Anders schon sehr auf den Weihnachtsnachmittag. Besonders freut er sich darauf, dass seine Eltern ab dem Nachmittag und an den anderen Weihnachtstagen Zeit für ihn haben. Sonst ist das nicht selbstverständlich, weil wenigstens einer von seinen Eltern oft und auch an Feiertagen arbeiten muss. Selbst zu Hause arbeiten sie manchmal.
Anders findet auch toll, dass Oma, Opa, Onkel Tü und Cousin Klaro mit ihnen zusammen Weihnachten feiern, in

ihrer ziemlich kleinen, aber gemütlichen Dachwohnung, nachmittags und abends.
Am Vormittag ist Anders mit Oma und Opa in ihrem alten Auto unterwegs, um letzte Besorgungen für das Fest zu machen:
„Omi, liebste Omi, halt doch bitte mal irgendwo an! Ich muss euch etwas Geheimes erklären, wir müssen unseren Weg ändern! Das ist mit einigen Freunden so abgesprochen: mit Pen, Nele und sogar mit der kleinen Trine. Und Klaro ist auch dabei."
„Aber Kindchen, ich muss noch den Kartoffelsalat für Heiligabend machen …!", sagt seine Oma und biegt beim nächsten Feldweg ab.
Als der Wagen stoppt, flüstert Anders beiden etwas ins Ohr.
Opa widerspricht: „Aber dann kriegen wir von deinen Eltern Schimpfe, wenn wir nicht das holen, was wir für das Fest besorgen sollen! Heute ist immerhin Weihnachten!"
Anders protestiert: „Und ich kriege sonst Ärger mit meinen Freunden aus der Straße und von Klaro, klaro? Dann reden die kein Wort mehr mit mir! Das haben wir so vereinbart, wenn sich einer von uns nicht an unseren Plan hält! Wollt Ihr mir das etwa antun?"
Oma lächelt: „Das können wir nicht verantworten, Opa! Ich denke, an dem Plan der Kinder ist etwas dran … "

Stunden später lehnt sich Anders Papa vom festlich gedeckten Tisch zurück, wischt sich mit einer Serviette den Mund ab und räuspert sich: „Liebe Leute, für dumm könnt ihr mich nicht verkaufen! Das waren keine echten Würste! Und dass der Förster keine Weihnachtsbäume

mehr zum Schlagen im Wald hatte, das glaube ich euch auch nicht!“
Es wird still im Raum, Oma und Opa drucksen herum, Anders braune Sommersprossen werden ganz rot und Klaro sucht irgendetwas auf dem Fußboden.
Da bricht Anders Mutter das Schweigen: „Also, ich muss ehrlich sagen, auch wenn wir Rinderwürstchen bestellt haben, so schmecken mir die Tofu-Würstchen auch ausgezeichnet. Die würde ich glatt wieder kaufen!“
Klaro fragt nach: „Du hast von Anfang an gewusst, dass du Tofu-Würstchen isst und nicht Fleisch, Tantchen? Gib es zu!“
Anders Mutter nickt vergnügt mit dem Kopf: „Kommt, wir machen aus den mitgebrachten Zweigen einen Tannenstrauß! Den schmücken wir wie einen Weihnachtsbaum. Darunter können wir die Geschenke für die Kinder legen.“
Anders Vater meckert: „Aber mir schmecken echte Würstchen zu Weihnachten gut und ein Tannenbaum gefällt mir auch!“
Da platzt Klaro: „Aber Onkel, sieh mal, wir haben mit unserem Plan heute insgesamt so vielleicht drei Tieren das Leben gerettet! Denn das haben wir zusammen mit anderen Kindern erreicht, mit Trick ausgetrickst! Wir haben uns schon alle ein Zeichen gegeben. Also gut, bei Pen gab es nur weniger Fleisch als sonst zu Weihnachten. Da gab es nicht gar kein Fleisch wie bei uns oder Trine und Nele. Pens Papa hat auf seinen Schinken bestanden, der noch in der Vorratskammer lag.“
Anders springt auf und macht einen Purzelbaum auf dem Teppich: „Ja, und wir haben auch noch drei Tannenbäumen das Leben gerettet!“

Onkel Tü klopft kräftig auf den Tisch, dass die Gläser wackeln: „Also, wenn das so ist, dann möchte ich aber nächstes Jahr mitbestimmen, ob es Tofu-Würstchen gibt oder lieber Weihnachtspfannkuchen oder sonst etwas!“ Klaro umarmt seinen Vater und krabbelt auf dessen Schoß: „Geht in Ordnung, Pappo!“

Der Abend verläuft noch sehr feierlich: Es gibt Brettspiele zu spielen, Musik zu hören, zu reden und Anders und Klaro müssen toben. Ach ja, und Geschenke gibt es auch.

## 5/Dezember:

EINSTIEGSIMPULSE:
1. Hat euch das alte Jahr gefallen? Oder war es nicht so gut? Warum?
2. Freut ihr euch auf das neue Jahr? Oder freut ihr euch nicht so sehr darauf? Warum?

NACHBEREITUNGSFRAGEN:
In der Geschichte spricht Anders mit dem alten Jahr:
1. Was hat sich in seinem Leben in den letzten Monaten verändert?
2. Wie gefällt ihm das?

# Anders verabschiedet das alte Jahr

Heute ist in Anders Wohnstraße richtig etwas los, denn heute ist Silvester und Penelopes Eltern haben ein paar ihrer neuen Nachbarn zu einer Silvester-Feier eingeladen. In dem kleinen Häuschen mit Garten – in dem Anders noch vor einem halben Jahr mit seinen Eltern wohnte, bis es für die Familie zu teuer wurde, die Miete zu bezahlen – soll gefeiert werden. Anders Eltern mussten vor einer Weile ihr eigenes Büro aufgeben, weil das Geschäft nicht mehr gut lief. Sie verloren dabei viel Geld, arbeiten jetzt beide in fremden Büros mit und verdienen nicht mehr so viel Geld, sodass es neben dem Abzahlen der Schulden nur noch für ihre neue kleine Wohnung reicht. Penelopes Kinderzimmer war einmal Anders Kinderzimmer. Darin liegen heute ein paar Matratzen und Decken für die Kinder aus, damit sie früher schlafen gehen können als die Eltern, die noch um Mitternacht zusammen feiern wollen.
„Prost Neujahr, prost Neujahr!“, ruft die kleine Trine und versucht eine Luftschlangen-Rolle auszupusten.
„Das sagt man doch erst um Mitternacht, du Dummchen!“, stupst sie ihre große Schwester Nele an und wirft ein paar Handvoll Konfetti über Trine. Trine steht der Mund offen, vor lauter Konfetti-Regen, der auf sie herunterrieselt, bis sie eine Ladung in den Mund bekommt. Dann prustet sie die Konfetti aus.
Penelope motzt: „He, macht nicht so eine Sauerei in meinem Zimmer!“
Trine zeigt auf ihre Schwester: „Die hat angefangen!“
Anders wirft die nächste Ladung Konfetti und beißt in einen Berliner: „Kommt schon, es ist nur einmal Silvester

im Jahr! Morgen räumen wir zusammen auf, lasst uns heute Spaß haben!"

Nele greift sich Anders Berliner: „Schnapp, klapperdiklapp, gib mir was ab!"

„He, du faule Nuss, kannst du dir nicht selbst einen …", will Anders gerade sagen, als Nele den Mund verzieht: „Ääh, uäh, wie schmeckt der denn?"

Anders lacht schadenfroh: „Hi, hi, hi, dann hast du wohl den mit Senf darin bekommen! Geschieht dir rehecht, geschieht dir rehecht!"

Die anderen kichern, als Nele aus dem Zimmer stürzt, um ihren Senfmund zu leeren und auszuwaschen.

Anschließend wird Anders ernst, er geht allein durchs Haus, durch die tanzenden Erwachsenen hindurch, greift sich seine Jacke und tritt in den Garten hinaus.

Er spricht mit dem alten Jahr: „Liebes, altes Jahr, du bist lieb! Danke, dass du mir ein schönes, neues Zimmer geschenkt hast. Ich mag es, auch wenn es lang, schmal und viel kleiner ist als mein altes. Mein altes Zimmer mochte ich zwar lieber, aber ich will mich nicht beschweren. Schließlich konnte ich schon in diesem Jahr in die Schule gehen, obwohl Mama und Papa anfangs wollten, dass ich erst im neuen Jahr in die Schule gehen sollte. So bin ich mit Penelope, Benno und Rupert und den anderen in eine Klasse gekommen. Und ich kann jetzt schon viel schreiben und lesen und rechnen. Du bist lieb, altes Jahr! Ich denk an dich, wo immer du jetzt hingehst. Tschühüss!"

Anders gähnt und schaut sich mit müden Augen den dunklen stillen Garten an. Um nicht zu frieren, tritt er von einem Bein auf das andere.

„Viele Tiere schlafen eingemummelt ihren Winterschlaf", denkt Anders.
Und er stellt sich einen eingerollten, zufrieden dösenden Siebenschläfer in einer alten Spechthöhle vor.
„Hola!", Penelopes Vater Antonio steht überraschend neben ihm.
Anders hat ihn gar nicht kommen hören. Er schenkt ihm eine brennende Wunderkerze. Sie funkelt so herrlich und pikst auf der Haut:
„Tschüss, altes Jahr, die brennt für dich. Und darf ich morgen noch eine Wunderkerze haben, um dem neuen Jahr „Hola" zu sagen?", fragt Anders erneut gähnend.
Antonio antwortet: „Du bist morgen auch noch hier und die Wunderkerzen gibt es für euch Kinder gleich zum Frühstück."
Anders versteht nicht: „Wunderkerzen zum Frühstück? … Ach so, zum Anzünden, nicht zum Essen … Und was, was gibt es zum Essen? … Ich kann nicht mehr …"
Dann trägt Antonio ihn auf seinen Armen ins Kinderzimmer zum Bettenlager, wo bereits Klein-Trine schläft, mit ihrer Puppe in den Händen. Er legt Anders daneben und deckt die beiden Kinder und die Puppe zu.
Nun kommen Nele und Penelope laut lachend in das Zimmer gestürzt. Sie bleiben abrupt stehen und verstummen, als sie die schlafenden Kinder sehen und Antonio, der seinen Finger auf den Mund legt.
Penelopes Gesicht läuft vor Ärger rot-weiß gefleckt an, ebenso rot-weiß gefleckt wie ihre Strickjacke: „Ich dachte, wir wollen feiern und nicht gleich schlafen. Und das ist mein Zimmer, da können die sich wohl ein bisschen zusammenreißen, wo sollen wir jetzt spielen?"

Antonio legt seine Hand auf Penelopes Mund und schiebt sie aus dem Zimmer heraus, während sie wild mit den Händen herumfuchtelt, gefolgt von Nele.

## 1/Januar:

EINSTIEGSIMPULSE:
1. Was für ein besonderer Tag ist Silvester? Und Neujahr? Erklärt es!
2. Erinnert ihr euch an ein Silvesterfest? (Wie) feiert ihr es dieses Jahr?

NACHBEREITUNGSFRAGEN:
Wie reagiert Anders in der Geschichte
a) auf die Silvesterknallerei?
b) auf die Silvesterabfälle auf der Spielstraße?
c) auf den Schnee?

## Anders begrüßt das neue Jahr

Als Anders morgens aufwacht, öffnet er zunächst ein Auge. Er wundert sich, dass er in seinem Bett liegt und weiß nicht, warum er sich darüber wundert, weil er doch meistens in seinem Bett schläft. Dann öffnet er das andere Auge und reckt und streckt sich.
Gleich nach der Katzenwäsche schlüpft Anders in seine Kleidung und in seine Jacke. Er staunt nicht schlecht über den Schnee auf dem Balkon.

„Frohes neues Jahr, liebes neues Jahr!
Frohes neues Jahr, liebes Eichhorn! Falls du mal aufwachst und frierst, hier liegen immer frische Nüsse in deinem Körbchen. Hab ich dir ja versprochen. Ich muss jetzt weiter … Aber was ist denn das für eine Schweinerei, was sieht mein Adlerauge da? Da liegen lauter Böllerpapiere, Raketenstängel und Flaschen auf unserer schönen Spielstraße im frischen Schnee – diese Großen!"
Anders rennt zu seinen Eltern:
„Habt ihr auch Papier auf die Straße geworfen, hä?"
Sein Vater fragt erstaunt: „Willst du uns nicht zuerst ein frohes neues Jahr wünschen, Anders? Außerdem hätte ich gern noch etwas länger geschlafen, du Wecker."
Anders fällt ein: „Ich rufe gleich bei Rupert und Benno an. Sie müssen mir helfen, unsere Spielstraße zu fegen. Oder wir finden heraus, wer den Dreck hinterlassen hat und folgen dafür den Fußspuren im Schnee. Dann schrubben diese Dreckspatzen die Straße sauber, meinetwegen auch mit Schnee, statt mit Wasser."
Anders Mutter berichtet: „Rupert und Benno wurden kürzlich von ihrem Vater abgeholt. Er wohnt in den Niederlanden, wie du weißt. Sie verbringen dort mit ihm den Rest ihrer Weihnachtsferien. Ich habe ihre Mutter letzte Woche beim Einkaufen getroffen, sie hat mir davon erzählt."
Anders ist geknickt: „Dann werden meine letzten Ferientage ja langweilig, och."
Sein Vater schlägt vor: „Wir wollten gleich mit dir Schlitten fahren gehen! Kommst du mit?"
Anders weiß jetzt nicht, wohin mit seiner Freude. Er flitzt los, um es seinem Eichhörnchen zu erzählen. Als er auf dem Balkon steht, sind die Nüsse weg und das macht Anders ganz froh.

Er ruft in die Luft: „Du bist lieb, mein Eichhorn! Übrigens, ich gehe jetzt Schlitten fahren, mit Mama und Papa! Bis bald!"

Eine halbe Stunde später lässt sich Anders vergnügt auf dem Schlitten sitzend von seinen Eltern durch den Schnee ziehen, in Richtung Schlittenberg.
Anders Mutter fragt: „Wunderst du dich gar nicht, dass du zu Hause aufgewacht bist und nicht bei Penelope? Du bist dort auf der Silvesterfeier ihrer Eltern eingeschlafen!"
„Mmh!", daran kann sich Anders nur schwach erinnern.
Sein Vater ergänzt: „Bei der Knallerei bist du wieder aufgewacht, hattest plötzlich furchtbare Angst und wolltest sofort nach Hause. Da haben wir dich durch das erste Schneetreiben getragen."
„Ach so!", sagt Anders nebenbei und fühlt sich wie ein Prinz auf dem dahinfliegenden Schneeteppich.

# 2/Januar:

EINSTIEGSIMPULSE:
1. Erinnert ihr euch an ein besonderes Schneeerlebnis? Wie war das?
2. Stellt euch kurz vor, ihr lebt in einem warmen Land ohne Schnee …!

NACHBEREITUNGSFRAGE:
Penelope geht in der Geschichte das erste Mal durch Schnee. Stellt euch vor, ihr wärt das! Wie würdet ihr euch im Schnee bewegen?

## Zum ersten Mal im Schnee

Nürsel fragt Penelope auf dem Schulhof, in der Pause:
„Wieso bist du zu spät zur Schule gekommen?"
„Weil ich heute Morgen das erst Mal durch den Schnee gelaufen bin! Auf den Kanaren gab es keinen Schnee."
„Das erste Mal?"
„Ja, das erste Mal!"
Nürsel glaubt es nicht: „Aber ich weiß ganz genau, dass es am Neujahrstag doch auch schon Schnee gab!"
Penelope erklärt: „Da hab ich mich nicht aus dem Haus getraut. Und dann war der Schnee wieder verschwunden, weil er durch den Regen weggetaut ist, sagt Mama."
Nürsel staunt: „Und wie war es?"
„Was?"
„Zum ersten Mal im Schnee?"

Aber Nürsel bekommt keine Antwort. Penelope kniet sich hin, streicht über den Schnee, nimmt ihn in die Hand, schaut ihn sich genau an, wirft den losen Schnee hoch, versucht ihn aufzufangen und ist überrascht, dass nur einzelne Flocken in ihrer Hand landen, die bald darauf schmelzen und nur noch als Tropfen zu sehen sind.
Dann nimmt sie neuen Schnee und hält ihn an ihre Wangen: „Au, das tut weh!“
Anschließend rennt sie so schnell los, dass der Schnee aufwirbelt.
Plötzlich rutscht sie aus: „Autsch noch mal!“
Nürsel will Penelope trösten: „Schnee tut weh! Ich kenne Schnee schon lange, weil ich in Deutschland aufgewachsen bin und nicht in der Türkei, wo meine Eltern herkommen und wo es weniger Schnee gibt als hier.“
Penelope springt auf: „Aber Schnee ist witzig!“
Und sie schmeißt mit Schnee um sich, wie ein kleiner ungestümer Esel. Ihr Lehrer Herr Pudding hat Pausenaufsicht, er drückt ein Auge zu. Normalerweise soll keiner mit Schnee werfen. Aber er ahnt, dass es für Penelope etwas sehr Besonderes sein muss, Schnee zu erleben, weil sie zuvor auf den Kanarischen Inseln gelebt hat, wo sie Schnee vermutlich nur von Weitem auf den Berggipfeln sehen konnte.
„Komm, ich zeig dir was!“, Nürsel zieht Penelope zu einer schneebedeckten Fläche, wo noch keine Spuren zu sehen sind.
„Hier, mach mal Fußstapfen!“
Penelope fängt gleich damit an. Dann legt sie sich in ihrem Schneeanzug mit leuchtend grünen Mäusen darauf hin und bildet Muster im Schnee, mit ihrem ganzen Körper. Sie gluckst vor Vergnügen. Jetzt macht auch Nürsel

mit und tut so, als sei sie ein Schneehase, der im Schnee hoppelt. Anschließend bestaunen beide ihre lustigen Spuren.
Als es zum Unterricht klingelt, ist Penelope traurig.
Nürsel weiß, warum ihre Freundin traurig ist: „Hast du heute Zeit? Wir können dann zusammen in den Schnee gehn!“
Da hellt sich Penelopes Blick wieder auf.

## 3/Januar:

EINSTIEGSIMPULSE:
1. Habt ihr Geschwister? Gibt es manchmal Streit miteinander? Worüber?
2. Gibt es „positiven“ Streit? Welchen? Gibt es „negativen“ Streit? Welchen?

NACHBEREITUNGSFRAGEN:
1. Benno und Rupert streiten sich in der Geschichte. Worüber? Wie? Eure Meinung?
2. Warum malen Benno und Rupert „Grenzen“ in die Luft?

## Das geht bis hier – meine Grenze

Benno und Rupert hocken nebeneinander auf einer verschneiten Holzbank am Wegesrand der Spielstraße, in Anders nach oben hin offenem Versteck. Das Versteck hat Anders zusammen mit seinem Opa aus vielen Weidenstöckern gebaut, die sie im Kreis eng nebeneinander in die Erde gesteckt und miteinander verflochten haben, als Sichtschutz sozusagen. Die Holzbank haben sie aus drei Brettern zusammengezimmert. Das Dach fanden sie aber zu schwierig zu bauen, sodass sie darauf verzichtet haben.

Benno entdeckt ein Gewölle, untersucht es und nimmt es dabei auseinander: „Schau doch, das Knäuel mit Tierfell und Knöchelchen darin …!“

Rupert belehrt ihn: „Das Knäuel nennt sich übrigens „Gewölle“. Stell dir vor, da ist eine Eule, die Hunger hat und darum eine Maus frisst. Von der Maus kann sie aber manche Teile – wie ihren Schädel – nicht verdauen, so speit sie diese Reste als Gewölle wieder aus, verstanden? So, und jetzt gehört es in Kennerhand!“

Dann versucht er es Benno wegzunehmen.

Benno schiebt Rupert mit aller Kraft von sich weg, sodass Rupert durch die Eisschicht unter dem Schnee wegrutscht: „Ich hab es zuerst gefunden!“

Rupert schielt zum Gewölle: „Du hast ’n Vogel!“

Benno tut, als male er eine Linie durch Rupert hindurch: „Du, das geht bis hier – meine Grenze! Geh weg!“

„Geh Ich nicht!“

Benno stöhnt auf: „Nie hat man seine Ruhe. Oh Mann! Och Manno!“

„Ich bin kein Mann!“, lässt Rupert nicht locker und malt neue Linien in die Luft: „Von diesem Mittelstreifen … Ich zeig dir’s … Hier sind drei Teile. In diesen Teil dürfen alle.“

Benno geht nicht darauf ein, er untersucht weiter die einzelnen Knochen aus dem Gewölle. Nun hat Rupert genug und steht auf.

Beim Weggehen in Richtung Anders Haus pikst er Benno in den Arm, woraufhin Benno Rupert haut, sodass dieser mit weinerlicher Stimme sagt: „Nur weil Mama geschimpft hat, dass wir zu viel quatschen im Unterricht, weil es bei uns im Zeugnis steht, deswegen störst du! Ich bin aber nicht schuld!“
„Bist du doch!“, Benno streckt Rupert die Zunge heraus, als der wegläuft.

Anders kommt zu Benno ins Versteck: „Wo ist Rupert? Wir sollten reingehen, gleich wird es dunkel. Ich konnte ein Rotkehlchen am Futterhäuschen beobachten, von meinem Aussichtspunkt aus. Es war richtig aufgeplustert, gegen die Kälte. Tolles Fernglas, was ihr zum Zeugnis bekommen habt. Ich will auch eins. Muss ich mal mit …“
„Jetzt hör du doch auf mit dem Zeugnis!“, Benno wirft die Gewölle-Reste hinter sich und stampft Rupert hinterher.
Anders streicht sich die Haare platt: „Ja, was ist denn hier los, könnt ihr nicht auf mich warten? Lasst mir bloß noch von Papas Suppe übrig!“
Dann rennt er, so schnell er kann, hinter den anderen her.

# 4/Januar:

EINSTIEGSIMPULSE:
1. Warum feiern die Menschen ihren Geburtstag? Was wird gefeiert?
2. Kennt ihr Kinder oder Erwachsene, die ihren Geburtstag nicht feiern? Warum?
3. Was wisst ihr vom Tag eurer Geburt?

NACHBEREITUNGSFRAGEN:
1. Warum feiert Nürsel ihren Geburtstag zuerst nicht, dann doch?
2. Wer ist eingeladen?
3. Gefällt Nürsel ihre Geburtstagsfeier?

## Nürsels Geburtstagsfeier

In der Käfer-Klasse hängt ein Geburtstagskalender aller Kinder, deshalb weiß Penelope genau, wann ihre Freundin Nürsel Geburtstag hat. Denn einfach so verraten wollte sie ihn ihr nicht.

Eine Woche vor Nürsels Geburtstag spricht Penelope Nürsel in der Schule darauf an: „Sag mal, ich dachte, ich bin deine beste Freundin. Warum lädst du mich dann nicht zu deinem Geburtstag ein?“

Nürsel stockt: „Hm. Weil ich gar nicht feiere oder nur mit der Familie.“

Penelope zwirbelt ihren Zopf um ihren Finger: „So was! Aber einen Kindergeburtstag muss man doch feiern! Ich war auch noch nie bei dir zu Hause und würde gern mit dir feiern.“

Später am Nachmittag ruft Nürsel bei Penelope an: „Weißt du was? Ich feiere meinen Geburtstag doch und du kannst kommen!“
Penelope freut sich sehr über die Einladung.

Am Geburtstagsnachmittag hagelt es stark. Penelopes Mutter Malin will sie mit dem Auto zu Nürsel bringen und muss vorher das Eis von den Scheiben kratzen: „Hoffentlich kommen bei dem Unwetter auch die anderen Kinder, Pen!“
Der Hagel tut trotz der Mütze ein bisschen weh am Kopf, denn die kahlen Bäume geben kaum Schutz. Deshalb steigt Penelope schnell in das Auto ein und wartet drinnen ab, bis ihre Mutter mit dem Kratzen fertig ist.
Kurz darauf, bei Nürsel in der Küche, findet Penelope einen geschmückten Tisch mit acht Gedecken vor.
Sie fragt Nürsel: „Wann kommen denn die anderen Kinder?“
Nürsel druckst etwas herum: „Es kommen keine anderen Kinder mehr! Meine Eltern, meine Schwestern und meine Oma feiern noch mit uns. Unsere Wohnung ist zu klein, wir haben kein Wohnzimmer und mein Zimmer teile ich mir mit meinen drei großen Schwestern.“
Penelope muss erst einmal nachdenken: „Darum kann ich immer nicht mit zu dir kommen?“
Nürsel nickt.
„Aber wir können doch trotzdem hier spielen?“
Nürsel versucht zu erklären: „Meine Eltern denken, dass sich meine Freunde hier nicht wohl fühlen.“
Penelope weiß nicht, was sie sagen soll: „Das verstehe ich wirklich nicht.

Hier ist dein Geschenk! Willst du es nicht gleich auspacken?“

Nürsel ist überrascht: „Oh danke, eine Jeans mit farbig-aufgesteppten Regenbögen für meine Puppe Friederike! Ui, super!“

Penelope fällt ein: „Übrigens, meine Puppe Fatima habe ich auch mitgenommen. Dann hast du also noch zwei Geburtstagsgäste mehr!“

Nach dem Essen geht Nürsel mit Penelope in das Kinderzimmer, das sie sich mit ihren Schwestern teilt.

Penelope ist richtig aufgeregt: „Da kannst du aber froh sein, dass du mit so einer lustigen fröhlichen Familie zusammenwohnst, die sogar beim Essen tanzt! Und mir hat gefallen, dass das Essen anders schmeckte als ich es kenne, da konnte ich gar nicht aufhören zu futtern!“

Penelope zeigt auf ihren rund gefüllten Bauch.

Nürsel strahlt: „Hier, das Halstuch mit türkischen Mustern soll ich dir noch von meinem Vater geben, es ist ein Gastgeschenk für dich. Er hat es in seiner Schneiderei selbst umnäht.

Hey, der Hagel hat aufgehört, wollen wir einen Schneemann im Hof bauen? Also, nur, wenn der Schnee nach dem Hagel noch klebt!“

Penelope bindet sich das Halstuch um: „Au ja! Wer von uns beiden wohl als Erstes angezogen und ohne Fahrstuhl heruntergelaufen ist?“

„Okay, auf drei geht’s los: eins, zwei und … die … letzte … Zahl … heißt …“

# 1/Februar:

EINSTIEGSIMPULS:
Habt ihr ein Geheimversteck? Was ist das Besondere daran?

NACHBEREITUNGSFRAGEN:

1. Anders und Penelope machen ein Rollenspiel. Anders spielt die Rolle eines Prinzen, der die Prinzessin Penelope vor ihren bösen Schwiegereltern rettet und aus dem Deutsch-Land zu sich nach Hause, in ein warmes Land bringt. Wer sind Schwiegereltern?
2. Wie beschreibt Prinzessin Penelope den Winter
   a) im warmen Land und
   b) im „Deutsch-Land“?

## In warmen Ländern

Anders teilt Penelope mit: „Bald, im Frühjahr, ist Opa wieder öfters im Gewächshaus, damit er hier pflanzen und aufräumen kann. Dann können wir uns hier nicht mehr so oft heimlich treffen, leider!“
Penelope schlägt vor: „Aber dann können wir uns doch auch hier treffen, wenn dein Opa dabei ist!“
Anders schüttelt den Kopf: „Nein, wenn Opa weiß, dass wir uns heimlich im Gewächshaus treffen, dann ist es kein Geheimversteck mehr! Und wir wollen doch immer noch ein Geheimversteck haben, oder?“

Penelope nickt ernst. Anders und Penelope schwören, dass sie das Versteck niemals verraten werden, auch nicht, wenn sie bereits alt sind.
Anders sagt: „Gut, nun haben wir das Wichtigste besprochen. Was wollen wir jetzt spielen? Ich hab eine Idee: Wir spielen Rollen und da bin ich jetzt ein Prinz und du bist eine Prinzessin. Ich muss dich im Spiel von deinen bösen Schwiegereltern aus ihrem Palast befreien, im kalten Deutsch-Land. Dann nehme ich dich mit zu mir, in mein Reich, das in einem warmen Land liegt und das weit, weit weg ist vom Deutsch-Land. So, und jetzt spielen wir los: Ich stecke dich also klammheimlich in den Karton da auf dem Tisch – wobei der Tisch das Kamel ist. Also, in den Karton mit dir … da musst du jetzt reingehen!"
Penelope klettert zögerlich hinein: „Du alter Bestimmer!"
Anders steht neben dem Tisch und ruckelt den Karton, in dem Penelope jetzt hockt, leicht hin und her: „So, jetzt trägt dich mein Kamel, raus aus dem Palast und weit weg … in meinen Prachtgarten, in einem fernen Land."
Penelope spielt mit, nach einer Weile ruft sie aus dem Karton heraus: „Hilfe, wo bin ich? Herr Prinz, lassen Sie mich raus, zu Hilfe, es ist so duuuunkel hier drinnen … !"
Schließlich sitzt Anders auf dem Tisch, öffnet den Karton und lächelt. Penelopes ängstliches Gesicht klärt sich auf, sie klettert heraus, vom Tisch herunter und sieht sich um: „Es ist aber schön warm bei dir in deinem Prachtgarten, in diesem fernen Land! Sogar die Blumen blühen hier im Winter und die Bäume tragen Blätter. Nanu, auch die Eidechsen und Geckos huschen herum und machen gar keinen Winterschlaf.
Dagegen im Deutsch-Lande, wo der Palast meiner bösen Schwiegereltern steht, herrscht gerade ein anderer, ein

harter Winter. Um bei der Kälte nicht zu erfrieren oder zu verhungern schlafen da nämlich viele Tiere ihren Winterschlaf oder halten eine Winterruhe oder verreisen eben in solch warme Länder wie hier und auch die Pflanzen und Bäume ohne Blätter ruhen sich aus. Brrr, es ist so kalt dort, so kalt wie die Herzen meiner grausamen Schwiegereltern sind.
Aber hier, in deiner Welt, fühlt es sich für mich genau richtig an.
Niemals will ich hier mehr weggehen!"
Anders fragt: „Ja, willst du dann meine Frau Prinzessin werden? Willst du?"
Penelope überlegt nicht lange: „Ja, warum nicht. Ich habe sonst heute nichts vor."
Anders holt tief Luft: „Also, weil, dann musst du jetzt meine Hand ... Oh, da pfeift wer ... wir sind verraten! Deine Schwiegereltern haben uns durch ihre Truppen verfolgen lassen! Los, du musst flüchten! Ich verteidige solange unser Land mit Schwert und Degen! Später komme ich nach, dich holen, meine Prinzessin!"
Anders lässt Penelope durch die große Klappe der hinteren Gewächshauswand hinausschlüpfen. Kurz darauf betritt Anders Opa das Glashaus von vorne, durch die Schiebetür.
Sein Opa ist überrascht und wackelt mit den Ohren: „Mein Junge besucht mich im Gewächshaus, in unserem *fernen Planeten*! Wie mich das freut! Willst du mir helfen *ihn* für den nahenden Frühling aufzuräumen?"
Anders tut ganz normal, damit Opa bloß nichts merkt von Penelopes und seinem Geheimversteck hier: „Klar, Opa! Kann ich Mais tupfen?"

Sein Opa wackelt wieder mit den Ohren: „Du meinst *Unkraut rupfen*? Ja, fang du nur damit an. … Warte, mein Junge, das ist kein Unkraut, das ist eine Blume! Ich werde die Wege vom alten Laub befreien. Und im Frühjahr, da pflanzen wir neue Tomaten und Gurken und was uns noch so einfällt. Was magst du denn gern essen?“
Anders guckt zur Klappe und rupft: „Och, so Mais und Eis und Kamelmist und Reis … “

## 2/Februar:

EINSTIEGSIMPULSE:
1. Feiert ihr gern Fasching?
2. Was für ein Kostüm werdet ihr tragen (würdet ihr gern einmal tragen)?

NACHBEREITUNGSFRAGEN:
1. Erzählt die Faschingsfeier in der Geschichte nach. Was passiert alles?
2. Wie ist Penelope „verkleidet“? (Gar nicht) Warum? Macht es ihr etwas aus, nicht kostümiert zu sein?

## Endlich ist Fasching

In der letzten Schulstunde ist die Klasse sehr unruhig, denn am Nachmittag startet das Faschingsfest der „Käfer“!
Anders bohrt in der Nase und überlegt, welchen Gurt er nachher zu seinem Karatekostüm anziehen soll: den ech

ten gelben von seinem Cousin Klaro oder den selbstgenähten schwarzen von seiner Mutter? Wenn er den schwarzen Gurt tragen würde, dann wäre er damit bereits Karatemeister!
Seine Lehrerin Frau Hahn nimmt ihn dran: „Anders rechne doch bitte die Aufgabe an der Tafel!"
Anders bricht vor Schreck fast der Finger ab. An der Tafel fällt ihm nicht ein, was „9+2" sind. Dabei kann er eigentlich gut rechnen. Nur indem er erst 9 und nochmals 2 kleine Käfer an die Tafel malt und diese mit den Fingern zusammenzählt, kommt er schließlich auf das Ergebnis.
„Lahme Ente!", zischelt Nürsel, als er sich auf seinen Platz setzt.
Dann kommt Nürsel dran und sie rechnet auch nicht schneller.
„Selber lahme Ente!", flüstert Anders Nürsel anschließend ins Ohr.
Endlich ist die Stunde vorbei und die Kinder können sich zu Hause für die Faschingsfeier umziehen.

Am Nachmittag treffen sich alle verkleideten Käfer-Kinder zu ihrem Faschingsfest im Klassenraum.
Anders fühlt sich pantherstark in seinem Karatekostüm mit Schwarzgurt und kämpft eine Runde mit Nürsel, die als Luchs gekommen ist. Weil Rupert als Zoowärter geht, will er Nürsel als Luchs einsperren. Nürsel will sich aber nicht einsperren lassen und das stört Rupert.
Benno tritt als Computer-Fachmann auf. Andauernd will er irgendetwas reparieren, auch wenn eigentlich alles funktioniert. Deshalb nimmt er in seiner Arbeitswut erst einmal manche Dinge auseinander, wie die Bohrmaschi-

ne des Handwerkers oder den Teleskop-Zauberstab der Oberhexe, um sie anschließend reparieren zu können.
Weil Benno den Teleskop-Zauberstab jedoch nicht wieder „repariert“ bekommt, fängt die Oberhexe fürchterlich zu wettern an. Daher entscheidet Frau Hahn, dass Benno jetzt nur noch seine eigenen Dinge auseinandernehmen darf. Leider hat er keine eigenen Sachen dabei, somit schmollt der Computer-Fachmann und dreht den anderen den Rücken zu.
Dann spielen die Kinder eine Menge Spiele wie die Reise nach Jerusalem, Flaschendrehen und Klopapierwetteinwickeln.
Als sich Benno von dem Popcorn nimmt, das seine Mutter für das Buffet selbst gemacht hat, fragt ihn Frau Hahn: „Benno, könntest du bitte ein paar Erinnerungsfotos von der Klasse machen?“
Die als Clown-Ballettlehrerin verkleidete Frau Hahn, drückt Benno ihren Fotoapparat in die Hand. Auf diese Weise hat der junge Computer-Fachmann wieder etwas Interessantes zu tun und stellt tolle Bilder her:
Vor der Kamera erproben zum Beispiel der Karatemeister Anders und der Luchs Nürsel einen gefährlich aussehenden Kampf.
Ach, und da hinten im Bild turnt Penelope herum, die als Penelope geht, denn sie hatte keine Lust sich zu verkleiden und ihre Eltern haben vergessen, dass sie kostümiert kommen soll. Aber das ist ihr gleichgültig, Hauptsache, sie kann mit den anderen Fasching feiern.

# 3/Februar:

EINSTIEGSIMPULSE:
1. Ist es einfacher zu zweit oder zu dritt zu spielen? Warum?
2. Habt ihr Hobbys? Welche? Welche könnt ihr ausüben und welche nicht? Warum?

NACHBEREITUNGSFRAGEN:
1. Bärli ist Ruperts Zwerghamster und er schläft tagsüber viel. Wieso? (Er ist nachtaktiv.) Ist er als Haustier geeignet?
2. Was denkt ihr über den Satz: „Man muss doch ein richtiges Hobby haben!“ Was ist ein „richtiges Hobby“ und wer entscheidet das?

## Man muss doch ein richtiges Hobby haben

Rupert und Benno sind bei sich zu Hause, in ihrem gemeinsamen Kinderzimmer, und Anders ist bei ihnen zu Besuch.

Benno spielt Karten mit seinem kleinen Alleskönner-Spielcomputer. Das Gerät ist ein kleines Wunder. Es war ein Mitbringsel aus Vaters Computer-Laden in den Niederlanden.

Rupert nimmt Bärli auf die Hand, seinen kleinen Zwerghamster, der kurz neugierig aus dem Schlaf aufwacht. Er streichelt ihn und Anders darf ihn auch eben halten. Wieder auf Ruperts Hand fängt Bärli an zu marschieren. Da muss Rupert immer eine Hand vor die andere setzen, damit Bärli weiterlaufen kann und nicht herunterfällt.

„Bärli wird unruhig, er will wieder schlafen", damit setzt Rupert ihn in seinen Käfig zurück. Er schenkt ihm noch ein paar Sonnenblumenkerne, die Bärli sich gleich in seine Backentaschen stopft und sich damit zügig in sein Baumwollnest zurückzieht, als würden die Kinder ihm die Kerne sonst wieder wegnehmen und selber essen wollen.
Anders sagt enttäuscht: „Immer will Bärli schlafen, das ist langweilig. Ich wollte ihn auch nochmal nehmen!"
Rupert verteidigt Bärli: „Du bist auch langweilig!"
„Selber langweilig, du Großmaul!", patzt Anders zurück.
„Und du erst mal, du, du Oberlangweiler."
Nun wird es Benno langweilig: „Jetzt mag ich mit Anders spielen."
Aber Rupert will Anders für sich behalten: „Nein, ich spiele mit Anders."
„Nein, ich!"
„Geh du doch mit deinem langweiligen Apparat spielen!"
„Das sag ich Papa, wenn er anruft, dann kannst du was zu hören kriegen! Das ist die beste Maschine aller Zeiten, ja?"
„Wenn du das Papa sagst …"
Anders macht einen Kopfstand an der Wand, der nicht gelingt: „Ich will jetzt auch ein Hobby haben. Schlummi, ein großer Junge aus der Schule, hat mir erklärt, dass man ein richtiges Hobby haben muss, er selbst ist längst beim Handball. Ich will jetzt auch Handball spielen, so richtig mit Verein und richtigen Handballklamotten und allem drum und dran und Pokalen."
Rupert erinnert Anders: „Aber, aber wir wollten doch mal zusammen Theater spielen."
Anders hat einen neuen Plan: „Nö, ich will jetzt sowas machen. Man sollte schon was Richtiges machen."

Rupert zweifelt: „Dazu haben deine Eltern doch gar keine Zeit, dich dauernd hin und her zu fahren, zu den ganzen Spielen."

„Haben sie wohl!", damit läuft Anders auf der Stelle, ohne ein Wort zu sagen, aus der Wohnung, rollert zu seinen Eltern und kommt ungefähr in einer Stunde völlig außer Atem wieder bei Rupert und Benno an:

„Also es ist so, meine Eltern ... wissen nicht wie sie es schaffen sollen ... aber wenn es unbedingt ... sein muss, wollen sie es probieren, das mit dem ... Handball, mit dem richtigen Hobby. Macht ihr ... macht ihr mit?"

## 4/Februar:

EINSTIEGSIMPULSE:

1. Was fällt euch zum Frühling ein?
2. Was gefällt euch am Frühling? Was gefällt euch nicht so gut am Frühling?

NACHBEREITUNGSFRAGEN:

1. Entnehmt aus dem Text: Wenn die Schneeglöckchen blühen, dann kommt anschließend welche Jahreszeit?
2. Schneeglöckchen stehen als Frühblüher unter Naturschutz. Warum? Sind sie giftig? (Ja)

## Der Winter soll bleiben

Anders schaut in Penelopes Kinderzimmer aus dem Fenster: „Oh, da blühen schon Schneeglöckchen!“
Penelope guckt auch nach draußen: „Bei dir piept’s, da blühen gar keine Blumen – wenn Schneeglocken überhaupt Blumen sind?“
Anders sagt gekränkt: „Ich geh nachsehen!“
Penelope rennt hinterher: „Ich geh auch nachsehen!“

Unten angekommen stellt Anders vergnügt fest: „Hier wachsen tatsächlich erste Schneeglöckchen!“
Penelope schüttelt den Kopf: „Wenn das Schneeglocken sind, dann sind die eben gewachsen, als wir runter gelaufen sind! Von oben konnte ich die noch nicht sehen, da waren die noch nicht da!“
Anders fällt ein: „Du konntest die vielleicht nicht entdecken, weil du deine Brille nicht trägst? Ich hab sie von oben aber auch nicht richtig erkannt.“
„Hm“, grübelt Penelope.
Plötzlich fällt Anders begeistert ein: „Boah, Mensch Pen, dann ist der Winter fast vorbei, wenn die Schneeglöckchen sich zeigen, das hat Opa gesagt. Darüber kannst du dich freuen!“
Penelope windet sich: „Der Winter ist schon gleich vorbei? Bäh! Ich hab mich aber gerade erst an ihn gewöhnt, der Winter soll bleiben!
Und was kommt danach? Bei euch in Deutschland gibt’s aber auch immer wieder was anderes. Auf den Kanaren dagegen war’s immer irgendwie gleich, da gab’s nur Gleich-Wetter, da konnte ich mich noch drauf verlassen.“

Anders wundert sich: „Ich dachte, du bist froh, weil es dann wärmer wird und wir mehr draußen spielen können! Und der Frühling, der jetzt kommt, der ist soooo schön oder mindestens soooooo schön, das kannst du mir glauben!“
Penelope kräuselt die Nase: „Na gut, wenn das so ist, dann bringe ich eben Mama die Blümchen rein!“
Penelope will die Schneeglöckchen pflücken.
Anders stoppt sie: „Halt, du darfst sie nicht pflücken, denn das sind Frühblüher, die stehen unter Naturschutz!“
Penelope legt die Stirn in Falten.
Anders fährt fort: „Weil, die Schneeglöckchen sind erste Nahrung für hungrige Honigbienen und Insekten und irgendwie werden sie dann auch bestaubt oder bestäubt oder so, also die Insekten brauchen die Blumen und die Blumen brauchen die Insekten – darum stehen sie unter Naturschutz. Außerdem sind sie giftig für uns Menschen, meint alles Opa.“
Penelope sagt patzig: „Das soll toll sein, der Frühling? Der fängt ja gut an: mit Verbieten!“

# 1/März:

EINSTIEGSIMPULSE:
1. Habt ihr manchmal Angst vor anderen (größeren) Kindern?
2. Wie helft ihr euch? Erzählt ihr Erwachsenen davon (Eltern, Lehrern ...)?

NACHBEREITUNGSFRAGEN:
1. Wie hättet ihr an Anders Stelle reagiert? Hättet ihr seinem Opa von dem großen Jungen berichtet, vor dem er Angst hat? Oder nicht?
2. Anders schreibt seinem Opa von dem großen Jungen. Hilft es ihm?

## Angst

Opa steht in der Schiebetür des Gewächshauses: „Anders, es ist soweit, wir können unsere getrockneten Tomatensamen aus den Tomaten vom letzten Jahr einpflanzen! Kommst du?"
Doch Anders antwortet nicht und fährt angestrengt Roller über den Rasen vor dem Gewächshaus, mit wütender Miene und zerzausten Haaren.
Opa bemerkt: „Schade, dass du nicht mithilfst. Dann muss ich unsere Samen allein einpflanzen, aber viel lieber würde ich es mit dir zusammen tun. Warum möchtest du nicht mithelfen, du hast dich das ganze Jahr darauf gefreut?"
„Ich darf nicht reden!", Anders fährt ruppig weiter Roller.

Opa fragt nach einem Moment: „Wenn du ein Problem hast und nicht darüber reden ‚darfst', dann ‚darfst' du es mir vielleicht schreiben?"
Anders hält an und denkt nach, dann fährt er weg.

In seinem Kinderzimmer schreibt Anders einige Wörter auf ein Blatt Papier und stellt erleichtert fest: „Klasse, dass ich schon so gut schreiben kann!"
Mit dem Zettel in der Hosentasche braust er wieder ins Gewächshaus und gibt ihn dort seinem Opa. Misstrauisch beäugt Anders seinen Opa von der Seite, als der seine schwarze, krakelige Schrift liest:

Opa der aus der Dritten schreibt er haut mich wenn Pen maine Fröindin bleibt und wenn ich rede über seinen Brif. Hap Angst. Anders.

Nach einem Moment legt Opa seinen Arm auf Anders Schulter: „Gut, dass du mir deine Sorgen mitgeteilt hast, lieber Anders! Ich spreche noch heute mit Mama und Papa darüber und sie werden das Problem mit deiner Klassenlehrerin besprechen. Ich vermute, dass ein Junge aus der dritten Klasse Penelope sehr gern hat und eifersüchtig darauf ist, dass du so gut mit ihr befreundet bist. Vielleicht gönnt er euch eure Freundschaft nicht und will euch auseinanderbringen? Aber das ist natürlich sehr unfair von ihm, sich so zu verhalten! Das muss geklärt werden, da wird der kleine Eifersüchtler aus der Dritten bestimmt bald so klein mit Hut sein. Weißt du, er kann dir nur Angst machen, wenn du mit dieser Geschichte allein bleibst. Aber vielleicht blufft er auch nur und hat gar nicht

wirklich geplant, dich möglicherweise zu hauen, weil er selbst Angst hat?!“
Jetzt lässt Anders seinen Roller fallen: „Opa, wie war das noch, soll ich in der Erde zwei oder drei Fingerbreit Abstand lassen zwischen den einzelnen Tomatensamen?“
Sein Opa überlegt: „Ich würde zwei Zentimeter Abstand lassen – das sind bei dir ungefähr, na, sagen wir mal, drei Fingerbreit. Damit haben die Tomatenpflänzchen später genug Platz, um sich beim Wachsen ausbreiten zu können.“
Opa wuschelt Anders über seinen Kopf.
Dann fangen Anders und Opa an zu säen.
Opa nimmt die Tüte, die Anders im letzten Jahr für die eigenen Samen selbstgebastelt und beschriftet hat und schüttet einige davon in Anders Hand: „Du fängst am besten vor dem kleinen Apfelbaum an zu säen und ich suche mir ein Plätzchen dort drüben!“
Anders hockt sich hin, drückt kleine Löcher in die Erde und gibt Samen hinein, dabei sieht er sich vergnügt um: „Sieh nur, Opa, der Apfelbaum im Gewächshaus hat schon große Knospen, aber die Apfelbäume außerhalb haben erst kleine Knospen!“

# 2/März:

EINSTIEGSIMPULSE:
1. Wart ihr schon einmal in einer Bücherei?
2. Welche Bücher würdet ihr gern ausleihen? Was interessiert euch?

NACHBEREITUNGSFRAGEN:
In der Geschichte sucht Anders sich selbst Bücher aus. Darunter sind auch welche, die nicht für sein Alter bestimmt sind.
1. Warum macht er das?
2. Warum fragt er nicht einen Erwachsenen um Rat?
3. Gefällt ihm seine Buchauswahl?

## Anders sucht sich selbst Bücher aus

Als Oma Anders aus dem Hort abholt, ist es kalt und regnerisch.
Oma beschwert sich: „Das ist mir ein Frühlingswetter, nichts zum Draußenspielen! Wollen wir an der Bücherei vorbeifahren und uns einen gemütlichen Lesenachmittag machen?"
Anders antwortet: „Oh ja, ich war noch nie in der Bücherei!"
Seine Oma erwidert: „Dann wird es höchste Zeit, dass du sie dir einmal ansiehst!"

Oma kennt sich in der Bücherei gut aus, denn als sie noch nicht in Rente war, hat sie als Bibliothekarin in einer

Bücherei gearbeitet. Sie möchte Anders erklären, wo Bücher für sein Alter stehen.
„Ich will selbst etwas aussuchen!“, damit macht sich Anders auf den Weg durch die Regale.
Später sucht Anders seine Oma.
„Oooma, Oooooma!“, ruft er durch alle Gänge.
Alle Kinder und Erwachsenen gucken ihn seltsam an.
Schließlich kommt seine Oma aus der Toilette.
Anders zeigt auf einen schiefen Stapel mit Büchern und sagt stolz: „Hier, es sind sechsundzwanzig, die habe ich ausgesucht! Damit können wir uns einen gemütlichen Nachmittag machen!“
Oma fragt verdattert: „Einen? Hundert Nachmittage! Und musst du heute nicht noch für die Deutscharbeit lernen?“
Anders denkt nach, dabei fällt sein Blick auf seine offenen Schnürsenkel, die er gleich darauf wieder vergisst. Schließlich sortiert er elf Bücher aus. Oma stellt sie zügig wieder in die Regale zurück.
Anders entscheidet: „Die will ich mitnehmen!“
Seine Oma überfliegt die Cover und widerspricht: „Aber du hast dir zum Teil Bücher ausgesucht, die gar nicht für dein Alter geeignet sind, zudem sind das immer noch zu viele.“
Anders überredet seine Oma: „Aber ich will sie lesen lernen.
Außerdem habe ich schon im Kindergarten gelernt, Bilder zu lesen – das ist babyeierleicht!“
Seine Oma gibt seufzend nach. Am Tresen kauft sie noch zwei Jutetaschen, weil ihre Tasche für die vielen Bücher nicht ausreicht.

Später, in Omas Küche, lernt Anders für die Deutscharbeit. Dazu isst er rote Grütze mit Gartenfrüchten aus der Tiefkühltruhe vom Vorjahr.
Anschließend verteilen sie die ausgeliehenen Bücher über den ganzen Teppich. Seine Omi sitzt auf der Erde, auf einem Kissen, damit ihr der Po nicht weh tut. Beide staunen darüber, was für Welten sich in den Büchern auftun: Piraten liegen neben Jugendkrimis mit pfiffigen Geheimagenten und Giftpflanzen liegen neben Rasenmäher-Motoren.

Plötzlich klingelt es und Anders Papa steht aufgebracht vor der Tür: „Wo bleibt Anders denn? Er muss sich schleunigst fertig machen, es ist schon Abend …!"
Oma ist erstaunt: „Hups, das haben wir zwei gar nicht bemerkt!"

## 3/März:

EINSTIEGSIMPULSE:

1. Habt ihr schon einmal von Winterzeit und Sommerzeit gehört? Erzählt!
2. Wenn der Frühling beginnt, was passiert dann in der Natur?

NACHBEREITUNGSFRAGEN:

1. Warum kommen Benno und Rupert zwei Stunden zu früh in die Schule? Ärgern sie sich darüber? Was erleben sie dadurch?
2. Von welchen Problemen in ihrer Familie erfahrt ihr dadurch?

# Frühlingszeit, Sommerzeit

Auf der morgendlichen Fahrt zur Schule freut sich die Mutter von Rupert und Benno: „Ab heute beginnt endlich die Sommerzeit, da werden die Tage wieder länger und wärmer.“

Die Kinder hinten im Auto gähnen und haben die Augen noch halb geschlossen.

„Alle aussteigen, wir sind da!“, ruft ihre Mutter.

Rupert und Benno schleppen sich müde aus dem Auto.

Ihre Mutter trällert: „Frühlingszeit, Sommerzeit.“

Doch dann ist ihr seltsam zumute, denn es ist noch dunkel und sie sind die einzigen Menschen, die sich an der Schule aufhalten.

„Moment mal, alle Frauen und Männer kurz ins Auto!“, die Mutter öffnet den Kindern die hintere Tür, in die sie verwundert wieder einsteigen.

Dann schaltet ihre Mutter das Radio an und nach einigen Minuten wird die Uhrzeit angesagt.

Nun fasst sich ihre Mutter an den Kopf: „Au wei, wir sind zwei Stunden zu früh an der Schule angekommen! Das verstehe ich nicht, wie kann das denn sein? Ich habe doch die Uhren in der Nacht vom Samstag zum Sonntag bloß eine Stunde vorgestellt! Wenn ich darüber nachdenke, bin ich mir eigentlich sicher … dann wären wir praktisch pünktlich an der Schule angekommen …“

Rupert ist aufgebracht: „Was, du hast die Uhren vorgestellt? Das habe ich doch schon am Samstagabend gemacht, damit du es nicht wieder – wie letztes Jahr – vergisst!“

Benno ärgert sich über seinen Bruder: „Du bist mir schon wieder zuvor gekommen! Ich wollte Mama eine Freude machen und habe die Uhren vorgestellt!“
Da weiß ihre Mutter nicht, ob sie lachen oder weinen soll: „Was für ein Affentheater! Also, lieben Dank, dass ihr mir helfen wolltet! Nur hättet ihr mir das auch sagen können. Dann haben wir die Uhr also insgesamt drei Stunden vorgestellt, anstatt einer Stunde, daher sind wir viel zu früh angekommen! Tja, ihr Lieben, daran können wir jetzt nichts mehr ändern, das tut mir leid – und ich tu mir auch leid! Gut, dass ich nicht schon zur Arbeit weitergefahren bin und ihr steht hier allein …“
Rupert platzt der Kragen: „Mama, wenn du nicht den ganzen Sonntag saubergemacht hättest, anstatt mit uns in einen Freizeitpark zu fahren wie andere Familien, dann hätten wir bestimmt längst gemerkt, dass bei uns alles zwei Stunden früher abläuft als bei den anderen …“
Benno macht sich auch Luft: „Ja, und dann sollten wir endlich mal unsere uralten Geräte entsorgen und alles neu kaufen! Wenn wir einen Funkwecker, statt einem Aufziehwecker und funktionierende Fernseher und Handys im Haus hätten, dann wäre uns das bestimmt aufgefallen! Du bist doch Ärztin, da verdient man doch Geld, sagen die aus der Klasse, kauf endlich mal neue Sachen!“
Ihre Mutter atmet tief durch: „Habt ihr alles gesagt, was euch bedrückt? Jetzt hört mal gut zu, Freunde! Ihr wisst genau, dass Papa alle neuen Geräte mitgenommen hat, als er ausgezogen ist, weil er der Meinung war, es seien seine. Und als alleinerziehende Mutter, die Teilzeit arbeitet, kann ich auch als Ärztin nicht alles kaufen und euch nicht jeden Wunsch erfüllen – übrigens würde ich euch auch mit viel Geld nicht jeden Wunsch erfüllen wollen!

So, meine Herren, jetzt sagt mir meine Aufzieharmbanduhr, dass der Bäcker gerade seinen Laden aufgemacht haben muss. Und mein Bauch sagt mir, dass ich ein zweites Frühstück gut gebrauchen könnte. Und eure Bäuche, was sagen die …?“

Als sie vor der Bäckerei vorfahren, ist noch nicht viel Betrieb im Geschäft. Das Brot, das die Verkäuferin ihnen über die Theke reicht, ist noch warm und riecht gut. Glücklicherweise betritt der Bäckermeister den Raum und lädt die Kinder und ihre Mutter ein, sich die Backstube anzuschauen, die hinter dem Laden liegt.
Daraufhin klärt sich die Stimmung der Einelternfamilie wieder auf und Rupert sagt: „Mama, Benno, gut, dass wir so früh aufgestanden sind!“

## 4/März:

EINSTIEGSIMPULSE:

1. Malt oder bastelt ihr gern zu Ostern? Was?
2. Habt ihr ein Haustier? Oder wolltet ihr schon einmal ein Haustier haben?

NACHBEREITUNGSFRAGEN:

In der Geschichte möchte Anders auch gern einen Hasen als Haustier haben.

1. Warum rät Rupert ihm davon ab?
2. Was schlägt Benno vor?

## Auf der Hasenwiese

Auf der Hasenwiese von Benno und Rupert haben die Freunde eine große Decke ausgebreitet, es sich darauf bequem gemacht und bemalen Ostereier.
Ein paar Meter weiter schimpft Klein-Trine mit einem der freilaufenden Hasen, dem sie ein Löwenzahnblatt hinhält: „Eigentlich musst du doch die Eier bemalen und nicht ich, du bist doch ein Osterhase, oder bist du etwa nur ein süßer, verfutterter Faulpelz?“
Genüsslich mümmelt der Hase das Blatt und hoppelt dann weg. Klein-Trine setzt sich zu den anderen auf die Decke.
Anders denkt: „Ich möchte auch ein Haustier haben! Die Hasen haben es gut auf der Wiese, sie brauchen nicht eingesperrt zu leben.“
Angestrengt bemalt er mit Tusche sein Ei: „Puh, ich finde das ganz schön schwer, auf dem kleinen Ei einen Hasen zu malen: hier ein brauner Fleck … oben noch Augen … und unten einen Puschelschwanz, fertig ist der Hase!“
Nele hält ihr Ei nur fest, ohne es zu bemalen und murmelt vor sich hin. Mit einem Mal legt sie ihr Ei ab, stellt sich hin und sagt ihr gerade erfundenes Gedicht auf:

*Has, Has, Osterhas,*
*ich wünsche mir das Beste:*
*ein großes Ei,*
*ein kleines Ei*
*und lauter Dideldumdei.*

„Toll!“, bewundert Trine ihre große Schwester und streckt ihre Beine aus. Dabei zerdrückt sie Neles Ei.

Nele ist sauer: „Kannst du nicht aufpassen, du Dummerchen, wir haben alle nur ein Ei!“
Da weint Trine und hält ihrer Schwester ihr eigenes Ei hin, auf dem braunen Ei ist schon weißes Krickelkrakel gemalt:
„Hier, das schenke ich dir, mit uns allen draufgetuscht, auf der Wiese.“
Daraufhin hält Anders Trine sein Ei hin: „Und ich schenk dir mein Ei mit einem Hasen drauf – der fehlt noch auf deinem Ei!“
Trine strahlt und nimmt das Hasenei, dass dabei die nassen Stellen verwischen, stört sie nicht.
Dann hoppeln die echten Hasen auf der Wiese wie wild geworden um die Kinder herum: Sie jagen hintereinander her, schlagen Haken, hüpfen hoch, kuscheln miteinander oder ärgern sich gegenseitig.
Voller Schreck ruft Nürsel: „Hilfe, da hat sich eine Katze herangeschlichen!“
Rupert lacht und beruhigt sie: „Keine Sorge, die Katze guckt nur. Sie traut sich nicht an die vier großen Hasen heran, die genauso groß sind wie sie selbst.“
Nürsel schaut erleichtert zu, wie die Katze nach einer Weile mit eingezogenem Schwanz wieder davonschleicht.
Anders wischt die noch feuchte Farbe von den Händen an der Hose ab und bemerkt es nicht: „Findet ihr nicht auch, dass die Hasen niedlich sind? Seht nur, die Löffel hängen immer irgendwo herum: Mal ist ein Löffel vorgeklappt und der andere hängt zur Seite oder so durcheinander. Kann ich einen Hasen mit nach Hause nehmen?“
Rupert ist der Meinung: „Nein Anders, die Hasen wollen zusammenbleiben und du hast keinen Garten.“

Doch Benno fällt ein: „Aber wenn wir in den Ferien von Papa abgeholt werden, dann kannst du dich um die Hasen kümmern!"
Rupert ergänzt: „Ja, wenn du willst, dann mache ich das mit Mama klar!"
„Ehrenwort?", Anders spielt mit seinen Haaren und bekommt riesengroße Augen über seiner Sommersprossennase.
„Hand drauf!", Rupert und Benno halten jeder eine Hand hin und Anders schlägt mit seinen beiden Händen kräftig ein.
Dann rennt Anders zu den Hasen und will es ihnen erzählen. Doch bei seiner Geschwindigkeit bekommen die Hasen Angst und sausen schnell in alle Himmelsrichtungen davon.
„Ihr alten Angsthasen!", denkt er.
Trine ruft ihm hinterher: „Anders, kann ich da mit zu den faulen Hasen, wenn du dich hier kümmerst?" und sie sammelt vorsorglich für den Moment schon reichlich Löwenzahnblätter.
Da lacht die Sonne kräftig.

# 1/April:

EINSTIEGSIMPULSE:
1. Wisst ihr, was ein Aprilscherz ist?
2. Wer hat einmal selbst einen lustigen Aprilscherz gemacht? Oder wer ist einmal auf einen hereingefallen?

NACHBEREITUNGSFRAGEN:
In der Geschichte macht Anders Vater einen Aprilscherz mit Anders.
1. Welchen?
2. Wie reagiert Anders darauf?
3. Klärt sich alles auf? Wie?

## Die Ferien sind zu lang

Anders spielt, dass sein Löwe heute mit großem Appetit mitfrühstückt, sogar die Tischplatte beginnt er zu fressen ... Sein Vater liest Zeitung und als er sie beiseite legt, sieht er besorgt aus. Anders hält sich an der Löwenmähne fest.
„Anders, ich muss ein ernstes Wort mit dir sprechen, auch wenn du gleich in die Schule musst. Aber in der Zeitung steht, dass die Regierung beschlossen hat, dass ihr Schüler zu lange Ferien habt. Das kostet den Staat zu viel Geld. Ab sofort sollen bereits die Osterferien gekürzt werden! Anstatt zwei Wochen habt ihr jetzt nur noch drei Tage über Ostern frei. Ich bedaure das sehr, das tut mir wirklich leid!“

Anders wühlt sich mit dem Gesicht in die Löwenmähne hinein: „Aber, aber ich hab mir doch so viel vorgenommen …"
Er kann es nicht fassen, zerstruwelt sich die Haare, zerstruwelt seinem Löwen die Mähne und seine Ohren werden fuchsrot:
„Gemein, gemein, gemein, ge…", will er weiter fluchen, als – und das findet er jetzt richtig gemein – Mama und Papa auch noch lachen! „Wie können sie es nur wagen, in der Situation!", denkt Anders.
„April, April!", boxt sein Vater ihn zärtlich.
Siebeneinhalb Sekunden braucht Anders, um das zu verstehen:
„Nein, ich Schaf, heute ist der 1.April!"
Dann springt er auf und fällt über seine Eltern her:
„Oh, ihr … ihr Frechdachse, ihr habt mich einfach reingelegt!"
Dann füllt sich der Raum mit Lachen.
Schließlich umarmt seine Mutter Anders kurz: „Aber jetzt musst du losgehen und noch etwas lernen, bevor die Osterferien anfangen!"
Auf dem Weg zur Garderobe wirft Anders seinen Löwen ein paar Mal in die Höhe.

# 2/April:

EINSTIEGSIMPULS:
Habt ihr schon einmal etwas eingepflanzt? Was? Wo? Drinnen, im Topf, auf einem Balkon oder woanders draußen? Ist es gewachsen? Erzählt!

NACHBEREITUNGSFRAGEN:
1. Anders findet in der Geschichte ein ungewöhnliches Osternest. Welches?
2. Anders weint Freudentränen darüber. Warum?

## Hat der Osterhase mich vergessen?

„Hat der Osterhase mich vergessen?“, überlegt sich Anders. Denn nur ein einziges gefärbtes Ei findet er in der Wohnung. „Vielleicht denkt der Osterhase, ich wohne immer noch in Penelopes Haus und hat meine Ostersachen wie früher in ihrem Garten versteckt? Und Pen findet sie jetzt alle – ihre und meine.“
Da sinkt Anders enttäuscht auf sein Bett, mit seinem Körbchen in der Hand, mit dem einen Ei.
Jäh fällt ihm ein: „Von wegen Garten, draußen habe ich noch nicht nachgesehen!“ Er rennt zum Balkon und bleibt an der Schwelle stehen. Der Balkon sieht ganz anders aus als sonst: Die Sitzecke mit dem Klapptisch und den Klappstühlen ist eng in eine Ecke gerückt worden. Auf der anderen Seite stehen ein paar neue und alte Dinge,

darunter leere Blumentöpfe, eine Hacke, seine kleine Gießkanne und Schaufel.
Anders streicht sich mehrfach über den Arm.
„Wie kommen die neuen und alten Sachen hierher?", grübelt er. Die alten Gartensachen stehen seit dem Umzug im Keller, weil er sie nicht mehr braucht, da er jetzt keinen Garten mehr hat.
Langsam traut er sich an die Dinge heran.
Er findet einen Brief, darauf steht: **„Für den lieben Anders."**
Gespannt öffnet er ihn.
Er liest: **„Lieber Anders, das hier wird dein neuer Garten: ein Garten-Balkon! Viel Spaß damit! Dein Osterhase."**
Anders kommen die Tränen und er muss schlucken. Vorsichtig schaut er sich alles an und beginnt wieder zu suchen. Zwischen den Töpfen findet er noch kleine Erdbeerpflanzen, Narzissen-Zwiebeln (das Schild auf der Pflanze muss er sich noch von einem Erwachsenen vorlesen lassen, da ist er sich nicht sicher, ob er es richtig gelesen hat), ein paar Ostereier (von denen er gleich eins probiert) und einige Samentüten für Kräuter und Gemüse. Wieder weint Anders Tränen, vor Freude! Am liebsten würde er gleich anfangen zu gärtnern. Er lässt seinen Blick über den Balkon schweifen, wobei er sein Eichhörnchen entdeckt, wie es oben an der Wand auf dem alten Hängetopf hockt. Vorsichtig nähert er sich ihm. Dabei erkennt er, dass es aus Stoff ist – ein Eichhörnchen-Stofftier –, wie süß!
„Hallo Eichhorn, bist du aus deiner Winterruhe aufgewacht?
Komm, wir zeigen Mama und Papa unseren Garten! Und vielleicht können wir ein Stück Osterzopf essen, es hat schon danach gerochen."

Er nimmt das Eichhörnchen fest in seinen linken Arm. Auf dem Weg zu seinen Eltern holt er noch den Löwen und den nimmt er in seinen rechten Arm.
Anders denkt: „Eichhorn und Löwe, die beiden werden sich noch zusammenraufen müssen. Aber ich bekomme sie schon in den Griff!"

## 3/April:

EINSTIEGSIMPULSE:

1. Seid ihr schon einmal in den Dünen und am Meer gewesen? Erzählt!
2. Wie stellt ihr euch die Niederlande vor? Wart ihr bereits in dem Land?

NACHBEREITUNGSFRAGEN:

Benno und Rupert erleben mit ihrem Vater einen April-Wettertag in den Niederlanden.

1. Wie sieht der aus?
2. Was ist typisches Aprilwetter?

## Gegen den Wind

Es sind Osterferien und die Sonne scheint.
Rupert und Benno kommen auf ihren kleinen Fahrrädern im Gegenwind kaum vorwärts, so sehr sie sich auch anstrengen. Sie fahren auf einem sandigen Weg in den niederländischen Dünen und ihr Vater radelt hinterher, indem er im Stehen kräftig in die Pedalen tritt.

Benno ruft: „Papa, wollen wir runter ans Meer gehen?“
Rupert findet das auch gut: „Ja, ich will auch ans Meer gehen, ans Meer, ans Meer!“
Sie schließen die Räder an Fahrradstangen an. Ein schmaler Weg durch die Dünen führt direkt zum Meer.
Rupert ist begeistert und rennt los: „Ich rieche das Meer!“
Benno flitzt hinterher: „Warte, ich komme mit!“
Sand rinnt in die Schuhe der Jungen.
Aus heiterem Himmel fängt es an zu regnen und wenig später schneit es.
Ihr Vater lacht: „Wenn das Wetter nicht weiß, was es will, dann ist April!“
Er packt eilig die Regenjacken und Regenhosen aus und verteilt sie.
In Regenkleidung legt sich Rupert in den Wind, Benno und sein Vater machen es ihm nach.
Benno japst: „Der Wind weht mich durchs Land!“
Rupert läuft auf seinen Vater zu: „Fang mich auf, Vati!“
Der Vater breitet seine Arme aus, Rupert läuft hinein, sein Vater hebt ihn hoch, dreht ihn und sich wie eine Windmühle.
„Ich will auch, will auch!“, schreit Benno.
Auch er wird im Arm wie eine Windmühle gedreht.

Später findet Benno einen Krebspanzer.
Rupert fröstelt es: „Mir ist kalt und ich habe Hunger!“
Ihr Vater schlägt vor: „Dann nehmen wir jetzt noch eine Fischsuppe am Hafen zu uns. Anschließend fahren wir nach Hause und gehen unter die warme Dusche. Und morgen radeln wir wieder ans Meer, ja?“
„Au ja!“, freut sich Benno und Rupert nickt bloß.

Die Abkürzung über die Dünen zum Fahrrad darf Rupert nicht nehmen.
Sein Vater erklärt ihm: „Wir sollen auf den Wegen laufen, weil die Dünen geschützt sind! Wenn zu viele Menschen die sandigen Hügel betreten, würde der Sand herunterrutschen und die Dünen würden kleiner oder ganz abgetragen werden."
„Ich laufe aber durch die Dünen!"
„Läufst du nicht!"
„Laufe ich doch!"

## 4/April:

EINSTIEGSIMPULSE:

1. In welcher Jahreszeit habt ihr Geburtstag?
2. Was könnt ihr in dieser Jahreszeit besonders gut an eurem Geburtstag machen?

NACHBEREITUNGSFRAGEN:

Anders feiert im April Geburtstag, obwohl er eigentlich erst später Geburtstag hat, im Juli.

1. Warum feiert er jetzt schon?
2. Wie feiert er?

## Was für ein Geburtstagsspektakel!

Heute ist ein besonderer Tag im April, denn Anders feiert heute Geburtstag! Statt von Mama und Papa wird er durch ein gewaltiges Gewitter geweckt.

Anders spricht zu sich selbst, am Fenster stehend: „Wau, ist das ein langer, heller Blitz! Was für ein Geburtstagsspektakel!"
Er huscht nebenan ins Schlafzimmer und überschlägt sich: „Mama, Papa, ich mag kuscheln und … und erzählen und den Geburtstagstisch anschauen! He, ihr schlaft wie die Murmeltiere! Habt ihr den Krach nicht gehört?"
Seine Mama öffnet die Augen und gähnt: „Herzlichen Glückwunsch, du früher Frühaufsteher, komm mal her!"

In der Schule verkündet Frau Hahn festlich: „Heute darf Anders auf dem Thron sitzen und wir singen ein Lied für ihn."
Gleich danach wird er Rechenkönig, weil er so schnell rechnet.

Am Nachmittag scheint kräftig die Sonne und der Balkon trocknet wieder.
Anders Vater sagt zu den kleinen Geburtstagsgästen: „Nur die Kinder dürfen auf Anders Garten-Balkon Kuchen essen! Die Erwachsenen trinken in der Küche Kaffee, denn für uns alle reicht der Platz hier draußen nicht."
Penelope staunt mit vollen Backen: „Toll, dein Garten!"
Anders berichtet stolz: „Den hab ich mit Opa bepflanzt!"
Rupert betrachtet die Erdbeerpflanzen im Sitzen: „Schaut mal, die Marienkäfer sind wieder da, sie schlafen nicht mehr!"
Er nimmt vorsichtig einen Marienkäfer von einem Blatt ab und lässt ihn über seinen Arm krabbeln.
Er kichert: „Das kitzelt!"
Nürsel findet: „Das müssen wir in unserer Käfer-Klasse erzählen!"

Anders denkt: „Gut, dass ich gestern schon die erste Erdbeere gegessen habe, sonst hätte sie sich jetzt bestimmt jemand gepflückt!“

„Und nun gehen wir alle in den Wald!“, schlägt Anders Mutter nach dem Essen vor.
Schnell wie die Düsenjäger ziehen die Kinder ihre Jacken an.

Die kleine Trine kreischt vor der Haustür: „Da ist ein Kreidepfeil!“
Anders fragt neugierig: „Habt ihr einen Schatz versteckt?“
Sein Vater lacht schelmisch: „Das wirst du schon herauskriegen!“
Die Kinder suchen unterwegs und grübeln, wo es wohl weiter geht?
Und tatsächlich: Nach einer Weile entdecken sie einen Schatz! Hurra! Jedes Kind findet darin eine eigene Erdbeerpflanze und noch ein paar Kleinigkeiten.

Ausgetobt und glücklich steht die Geburtstagsschar anschließend wieder bei Anders vor dem Haus. Die Kinder verfolgen gerade eine Riesenseifenblase auf ihrem Weg durch die Luft, die Anders Mutter gezaubert hat.
Klaro schreit: „Oah, die ist jetzt schon bis über Anders Garten-Balkon gestiegen!“
Und Anders schreit lauter: „Da, da oben, seht ihr, da ist mein Eichhorn! Haaalo, liebes Eichhorn, ich freue mich, dass du wieder da bist!“
„Wo, wo?“, sucht Penelope das Haus und die Bäume ab.

Doch sie hat ihre bunte Brille wieder vergessen und kann leider nicht erkennen, wie das Eichhörnchen im Baum herumtollt.

Abends kann Anders lange nicht einschlafen.
Seinem Stoff-Eichhörnchen und seinem -Löwen erzählt er:
„Und was meint ihr, was heute los war, ein richtiges Geburtstags-Spektakel ... Sogar deinen Freund habe ich gesehen, liebes Eichhorn. Und wisst ihr überhaupt, was das Spannendste ist? Ich habe heute gar nicht wirklich Geburtstag, sondern erst im Juli! Doch da sind immer Sommerferien und manche Kinder verreisen dann, sodass ich mit ihnen nicht feiern kann. Darum habe ich Mama und Papa überredet, dass wir meinen Geburtstag jetzt immer im April feiern."
Anders spielt mit seinen Stofftieren Puppentheater. Mit seiner rechten Hand spielt er den Löwen, der die Zähne fletscht: „Aber vorfeiern bringt Unglück, sagt ein altes Sprichwort. Uaaaah!"
Mit seiner linken Hand stellt Anders das Eichhörnchen dar, das den Löwen beruhigt und ihn auf seine tolle Mähne küsst: „Papperlapapp, Löwe, rede doch nicht so daher, du Brüller!"

# 1/Mai:

EINSTIEGSIMPULSE:
1. Könnt ihr schon ein wenig oder sogar gut schwimmen? Falls ja, wie habt ihr das gelernt?
2. Habt ihr an einem Teich schon mal Tiere und Pflanzen beobachtet? Erzählt!

NACHBEREITUNGSFRAGEN:
Was erleben die Kinder in der Geschichte am Teich? Welche Tiere sehen sie? Welche Pflanzen? Was tun sie dort?

## Teichgeflüster

Nach dem Hort sind Anders, Penelope und Nürsel bei Anders Cousin Klaro verabredet. Sie wollen am Gartenteich spielen. Anders Vater holt die drei aus dem Hort ab und fährt sie hin.
Im Garten, in der Nähe vom Teich, unterhält sich Anders Vater mit Onkel Tü. Sie behalten dabei die Kinder im Auge. Onkel Tü ruft zu den Kindern herüber: „Geht bitte nicht so nah an das Wasser heran, ihr könnt noch nicht richtig schwimmen!“
Penelope ruft zurück: „Aber ich bin am Meer groß geworden, auf den Kanaren, ich schwimme wie eine Ratte!“
Nürsel weicht Penelope aus: „Ihhh, da steht eine Ratte!“
„Jaaa, ich bin eine Wasserratte!“, damit jagt Penelope Nürsel in Richtung Schuppen, worin sie kreischend verschwinden und dann verstummen.

Heraus kommen sie mit Kescher und Harke.
Klaro und Anders hocken im Schneidersitz am Teich, schauen auf das Wasser und werfen Grashalme hinein.
Zurück am Teich plustert sich Penelope auf: „Aha, die Damen müssen schuften und die Herren faulenzen bloß!"
„Ist ja schon gut, schoooon gut! Kannst du mir mal die Harke geben. Ich hole etwas Entengrütze raus", damit macht sich Klaro an die Arbeit.
Anders will wissen: „Wofür soll das gut sein?"
Klaro harkt auf dem Wasser: „Die Fische können dann besser den Himmel und wir besser die Fische sehen."
„Aha", meint Anders.
Penelope legt sich mit dem Bauch ins Gras, mit dem Kopf in Richtung Teich: „Schaut mal da, eine Libelle!"
Nürsel freut sich: „Oh, hübsch, die zarten blauen Flügel!"
Mit dem Kescher holt Anders einen kleinen toten Fisch aus dem Wasser, der an der Wasseroberfläche treibt.
Anders ist betrübt: „Ich verbuddel ihn hinter der Hecke, damit ihn kein Hund findet und das arme Fischlein in Ruhe schlafen kann."
Er geht in Richtung Schuppen, um eine Schaufel zu holen.
Nürsel entdeckt etwas im Gras: „Schaut doch, ein ganz junger, ganz winziger Frosch!"
Vorsichtig kommen Penelope und Klaro näher.
„Und da, noch einer!"
„Und noch einer!", rufen die drei fast im Chor.
Anders ist ganz Ohr und geht zu den Kindern zurück:
„Ist das süß!", lacht er über die kleinen Frösche.
Penelope findet kurz darauf noch ein Vogelnest mit vier Eiern zwischen dem Schilf: „Ihr müsst alle herkommen!"

Nürsel macht sich Sorgen: „Du darfst die Vogeleier nicht anfassen oder anatmen, sonst brütet die Vogelmutter die Eier vielleicht nicht aus und es wachsen keine kleinen Küken daraus!“
Penelope ist erleichtert, dass sie die Eier noch nicht berührt hat.

In Windeseile vergeht die Zeit.
Anders Vater ruft die Kinder herbei: „Morgen geht die Schule wieder früh los, wir müssen aufbrechen!“
Klaro versucht die Zeit hinauszuzögern und brüllt:
„Was wir hier machen, ist wichtiger als die Schule morgen!“
Aber damit kommt er bei den Vätern nicht durch und Onkel Tü winkt ab.
Klaro trödelt mit Nürsel, Anders und Penelope in Richtung der Erwachsenen: „Schade, ihr müsst viel zu früh gehen! Kommt ihr denn morgen wieder?“

# 2/Mai:

EINSTIEGSIMPULSE:

1. Wer von euch malt gern? Wo? Wann? Was? Mit welchen Stiften?
2. Was würdet ihr jetzt auf ein leeres Blatt Papier malen wollen?

NACHBEREITUNGSFRAGEN:

1. Penelope möchte in der Geschichte zuerst kein Bild malen, dann doch. Warum?
2. Was malt sie schließlich und für wen, zu welchem Anlass?

## Penelope will selber malen

Frau Hahn versucht Penelope zu überreden: „Bald ist die Stunde vorbei und wenn du nicht gleich mit dem Bild anfängst, dann hast du kein Geschenk zum Muttertag.“
Doch Penelope zieht eine Schnute.
„Willst du kein Bild malen?“
„Doch!“
„Aber?“
Penelopes Schnute wird länger: „Ich will selber ein Bild malen!“
„Das verstehe ich nicht, es malt keiner ein Bild mit dir zusammen, du kannst es ganz allein machen!“
„Das ist nur ein Ausmalbild, ich will aber selber ein Bild malen!“
„Ach so, dann male dein eigenes Bild!“
Dann malt Penelope ihr Bild.

Am Ende der Kunststunde erkundigt sich die Lehrerin: „Das Bild gefällt mir! Was ist es denn?“
„Das ist eine Magnolienknospe, die kann Mama ins Wasser stellen und später einpflanzen, wenn Wurzeln dran hängen. Dann wächst ein Magnolienbaum. Mama hat mir gesagt, dass sie die Blumen am liebsten mag.“
Frau Hahn möchte wissen: „Bekommt der Magnolienbaum weiße oder rosa Blüten?“
„Rosa, die mag ich am liebsten!“
Die Pausenglocke ertönt. Penelope schneidet schnell ihr Bild mit der Knospe aus und legt es vorsichtig in ein Taschentuch. Dann geht sie spielen.

## 3/Mai:

EINSTIEGSIMPULS:
Stellt euch vor, ihr würdet eine Klassenfahrt machen wollen und ein Schüler wird krank, verschiebt ihr dann die Fahrt? Ist das machbar?

NACHBEREITUNGSFRAGE:
Nürsel ist in der Geschichte krank, daher kann sie nicht mit den anderen auf Klassenfahrt gehen. Penelope möchte ihr aber etwas von der Reise mitbringen. Was?

## Dann verschieben wir die Klassenfahrt

Alle Kinder winken ihren Eltern oder Großeltern aus dem Reisebus zu. Die „Käfer“ machen einen Klassenausflug ans Meer. Penelope winkt und weint. Nürsel, ihre beste Freundin, ist krank und konnte nicht mitkommen, weil sie Windpocken hat.

Penelope schluchzt: „Dann verschieben wir die Klassenfahrt!“

Anders sitzt im Bus neben ihr und gibt ihr Recht: „Genau, dann kann Nürsel auch mit.“

Die Klassenlehrerin Frau Hahn steht im Gang und redet mit den beiden: „Einer ist meistens krank, beim nächsten Mal kannst vielleicht du oder du nicht dabei sein!“

Penelope schlägt vor: „Also, wir warten eben ab, bis alle gesund sind und dann fahren wir gleich los!“

Anders packt sein Frühstücksbrot aus: „Hab ich selbst geschmiert!“

Penelope glaubt es nicht: „Du kannst doch noch gar nicht selbst schmieren! Ich möchte es probieren!“

Anders ist neugierig: „Was gibst du mir dafür?“

Penelope öffnet ihren Rucksack. Sie zeigt ihm den Inhalt und meint:

„Dein Brot sieht aus wie ein richtiges Brot, toll dick und dünn und mit Rosinen drauf geschmiert. Das nehm ich!“

Anders wählt etwas aus Penelopes Rucksack aus: „Dann nehm ich … deinen Joghurt und … siebeneinhalb Kekse … und eine Ecke von meinem Brot!“

Nach dem Essen drückt Anders Penelope seinen Löwen ins Gesicht und Penelope haut ihm ihre Stoffeidechse um die Ohren.

„Ihr sollt euch nicht hauen!“, brüllt Benno von zwei Reihen davor zu ihnen herüber.
„Das ist kein Hauen!“, brüllt Anders zurück.
„Doch!“

Als die Käfer-Klasse später das Meer erblickt, halten die vier Freunde einen Moment inne:
„Das hört sich an wie das Meer auf den Kanaren!“, stellt Penelope fest.
„Das sieht aus wie das Meer in den Niederlanden!“, knufft Rupert Benno.
„Das riecht wie das Meer, wo ich letzten Sommer mit Mama und Papa spazieren war“, schnüffelt Anders.
Dann schlägt Penelope ein Rad im Sand und hat eine Idee: „Kommt, wir suchen Strandschätze für Nürsel!“

Lange noch toben die „Käfer“ ausgelassen am Strand entlang und die Möwen kreischen dazu.

# 4/Mai:

EINSTIEGSIMPULSE:
1. Was macht ihr zu Pfingsten?
2. Kennt ihr Pfingstrosen? Wie sehen sie aus? Und wenn sie aufblühen?

NACHBEREITUNGSFRAGEN:
1. Anders versteht in der Geschichte seine Oma und seinen Opa nicht richtig. Was heißt das, wenn sie sagen: „Ein Mensch steht im Herbst“ oder „Ein Mensch steht im Frühling“? Habt ihr eine Idee?
2. Wo steht ihr?

## Pfingstrosen und grüne Tomaten

Anders schaut am langen Pfingstwochenende, an dem er drei schulfreie Tage hintereinander hat, bei seinen Großeltern vorbei. Noch blühen die Apfelbäume weiß vor Opas Gewächshaus oder ihre Blütenblätter schneien schon auf die Erde, auch auf Oma schneien sie. Sie liegt in einer Hängematte zwischen den großen Obstbäumen und blättert in einem Buch mit dem Titel „Gefühle im Herbst“. Anders schaukelt Oma ein bisschen. „Aber Oma, wieso liest du in dem Buch ‚Gefühle im Herbst‘, obwohl wir doch bald Sommer haben und jetzt noch etwas Frühling?“
Seine Oma lächelt: „Ja, das hast du gut beobachtet. Aber das Buch meint die Jahreszeiten von den Menschen. Ein Mensch in meinem oder Opas Alter steht im Herbst des

Lebens, das sagt man so. Und vielleicht stehen wir bereits ein bisschen im Winter."
Anders grübelt: „Das verstehe ich nicht. Lass mich mal überlegen. Ich bin schon groß, ich kann schon lesen und schreiben und rechnen … dann … bin ich dann im Sommer oder im Herbst?"
Opa ist aus dem Gewächshaus dazugekommen, mit einer Gießkanne in der Hand: „Sieh mal, das kommt ganz darauf an, wie jeder das fühlt. Da, die Pfingstrose, zum Beispiel: Zuerst ist sie eine dicke rosa Kugel, ein richtiger rosa Schneeball, dann entfaltet sie sich und entfaltet sich, mit unendlich vielen Blättern – man glaubt nicht, wie groß sie werden kann! Doch eines Tages hört sie auf zu wachsen und ruht sich aus – und ist dabei noch immer schön, wie Oma! Oma könnte also glatt noch im Frühling stehen. Ich empfinde das so. Findest du nicht auch, dass alle Jahreszeiten schön sind?"
Anders hüpft ein bisschen auf der Stelle, wie eine Sprungfeder.
Er nimmt Opa die Gießkanne aus der Hand, schaukelt Oma noch einmal richtig an und sagt: „Ich gehe die frühlingsgrünen Tomaten gießen, damit sie schön sommerrot werden. Weil, grüne Tomaten esse ich nicht – auch nicht zu Spaghetti."

# 1/Juni:

EINSTIEGSIMPULS:
Was denkt ihr über einen Erwachsenen, der nicht möchte, dass ihr beim Spielen wild tobt, schreit oder Dinge herumliegen lasst. Wann findet ihr ihn ungerecht? Wann könnt ihr ihn verstehen?

NACHBEREITUNGSFRAGEN:
1. Herr Sturmflut regt sich auf. Worüber? Was ist eure Meinung dazu?
2. Warum sagt Anders: „Ich störe, auch wenn ich gar nichts mache.“?

## Anders stört, obwohl er gar nichts macht

Etwas beengt sitzen Anders und sein Papa nebeneinander auf dem gemütlichen Garten-Balkon. Beide rechnen für ihre Arbeit. Anders schreibt morgen eine Mathearbeit. Nun brüllt eine Männerstimme von unten. Dann brüllt eine Frauenstimme von unten.
„Halt dir die Ohren zu, die Sturmfluts meckern wieder!“, Papa presst seine Hände fest auf die Ohren.
Herr und Frau Sturmflut wohnen eine Etage unter Anders Familie, zu ihrer Wohnung gehört der schöne Garten nach vorn und hinten hinaus. Dann knallt jemand unten mit einer Tür.
Kurz darauf steht Herr Sturmflut vor der Haustür und schimpft: „Ja, hat denn der Bengel wieder seinen Roller mitten im Weg liegengelassen?“

Anders zieht Papas Hände weg von seinen Ohren und zeigt nach unten. Vor Ärger zupft sich Anders ein Oreganoblatt aus dem Topf und kaut darauf herum.
Unten geht Herr Sturmflut weiter und stapft in seinen Vorgarten:
„Ja, wer hat denn hier die Mohnblumen so breitgetreten? Das ist eine ausgesprochene Frechheit! Das kann doch nur wieder dieser Bengel angestellt haben, dieser Lausebengel dieser!“
Da schießt Anders hoch und ruft von oben herunter: „Das habe nicht ich angestellt, sondern mein Ball!“
„So eine Unverschämtheit, du spielst Ball in unserem Garten?“
„Nein, auf der Straße und da ist er reingehüpft!“
„Und da hast du dann unseren Garten betreten!“
Schließlich steht auch Anders Papa auf und guckt über die Balkonwand herunter:
„Nein, ich habe mir erlaubt den Ball aus ihrem Garten zu holen, Herr Sturmflut! Sonst hätten Sie sich auch noch über den Ball in ihrem Garten aufgeregt! Ich wünsche ihnen noch einen schönen Tag, Herr Sturmflut!“
„Ja, schönen Tag noch, Herr Nachbar, schönen Tag!“
Damit verschwindet Herr Sturmflut im Haus.
Anders und sein Vater rechnen weiter.
Dann blickt Anders auf und sagt zu seinem Papa: „Ich störe, auch wenn ich gar nichts mache. Ich habe nur hier gesessen und gerechnet.“

# 2/Juni:

EINSTIEGSIMPULSE:

1. Wann wart ihr das letzte Mal krank? Wie habt ihr euch gefühlt?
2. Manchmal wird alles zu viel, auch die Schule, und ihr fühlt euch kraftlos und müde. Was könnt ihr tun, damit es euch wieder besser geht?

NACHBEREITUNGSFRAGE:

In der Geschichte hat Anders „Schulfieber“. Was ist das und was hilft?

## Anders findet, heute könnte früher Schluss sein

Am Anfang der zweiten Schulstunde meldet sich Anders: „Können wir heute bitte früher Schluss haben? Es ist Sommeranfang – und da finde ich, wir könnten früher Schluss haben.“

Die Kinder in der Klasse lachen.

Frau Hahn sagt: „Aber ich kann euch nur früher nach Hause schicken, wenn Hitzefrei ist!“

„Aber heute ist Sommeranfang und im Sommer ist es heiß.“

Die Kinder in der Klasse lachen.

Frau Hahn lächelt: „Heute ist ein milder Sommertag, kein heißer. Aber vielleicht ist dir heiß, Anders? Hast du Fieber?“

Anders weiß es nicht so genau, er nickt und darf ins Krankenzimmer gehen. Seine Mutter holt ihn dort ab. Zu Hause darf er neben ihrem Arbeitstisch liegen, schlummern und lesen. Er kommt den ganzen Tag nicht mehr auf die Beine.

Abends, im Bett, stützt sich Anders auf seinen Arm: „Mama, gibt es Schulfieber?"
„Ja, Anders, das gibt es und dagegen hilft nur eine Medizin: Sommerferien!"
„Die Medizin schmeckt, die schluck ich gern", Anders sinkt mit Eichhorn und Löwe in sein Kissen.

## 3/Juni:

EINSTIEGSIMPULS:
Schon ein Jahr Schule liegt hinter euch! Was habt ihr erlebt und geschafft?

NACHBEREITUNGSFRAGEN:
1. Warum möchte Anders in der Geschichte sein Zeugnis am ersten Tag nicht sehen und nicht darüber reden?
2. Warum möchten seine Eltern das Zeugnis feiern, obwohl sie es nicht kennen?
3. Wie möchten alle es feiern?

## Der Platz in der Blumenwiese ist reserviert

Anders lehnt den Vorschlag seiner Lehrerin ab:
„Nein, Frau Hahn, mein Zeugnis besprech ich nicht! Mein Zeugnis besprech ich nicht!“
„In Ordnung, Anders, falls du oder deine Eltern noch Fragen dazu habt, könnt ihr mich auch nach den Ferien noch darauf ansprechen.“
Am letzten Schultag freuen sich alle Käfer-Kinder schon auf die Sommerferien.
Leider weint ein Junge ein bisschen, weil er die Klasse verlassen muss. Er war oft krank und hat zu viel verpasst. Anders und er haben sich gerade erst angefreundet. Anders tröstet den Jungen ein wenig. Und der Junge tröstet Anders.

Später hält Anders seinen Ranzen fest umklammert, als seine Eltern ihn vor dem Hort an der Garderobe abholen: „Nein, mein Zeugnis zeig ich nicht! Mein Zeugnis zeig ich nicht! Außerdem habe ich es auch noch nicht gesehen.“
Seine Mutter ist erstaunt: „Aber wir wollen dein Zeugnis doch feiern!“
Anders hält seinen Ranzen noch fester umschlungen: „Deswegen ja, wenn wir das Zeugnis nicht kennen, können wir es auf jeden Fall feiern. Dann geht nichts schief.“
Anders Vater zieht seine Augenbrauen hoch und kratzt sich hinter seinem Ohr: „Aber du erwartest keine schlechten Noten, oder?“
Anders bleibt dabei: „Morgen, morgen sehen wir es uns an! Und heute feiern wir es.“
Sein Vater hebt ihn hoch und hält ihn im Arm: „Eigentlich spielen die Noten dabei keine große Rolle. Denn feiern

wollen wir, dass du es geschafft hast, schon ein Jahr lang in die Schule zu gehen. Und dass du bereits so viel weißt, du Schlauer. Und natürlich, dass du so groß geworden bist!"

Seine Mutter tut geheimnisvoll: „Also, wir haben einen Platz in einer Blumenwiese reserviert; unsere Taxi-Räder sollen uns hinfahren; das Picknick in den Satteltaschen haben wir bestellt; die winzigen Krabbel-Marienkäfer im Umfeld können sich als unsere Tischnachbarn herzlich eingeladen fühlen. Was denkst du? Ist das ein guter Platz zum Feiern?"

Anders fällt den beiden um den Hals: „Jawoll-ja! Lecker, dann frage ich bei unserem Picknick die winzigen Krabbel-Marienkäfer, ob ich ein paar Blattläuse von ihnen abbekomme, als Vortisch!

Hm, ich dachte, ihr holt mich heute erst viel später aus dem Hort ab! Ich bin gerade erst hier angekommen von meiner Klasse …"

Sein Vater setzt Anders wieder auf den Boden und krempelt sein langärmeliges T-Shirt hoch: „Wir haben das Arbeiten in den Abend verlegt. Am Nachmittag wollen wir dich feiern! Kommt, der Sommer ruft!"

Anders wirft die Arme hoch und macht dabei einen Luftsprung:

„Au ja, wir können dort auch Tierspuren suchen und Tierkinder finden …

Tschüss, liebe Schule! Ich muss mich jetzt erholen von dir, damit mein Schulfieber-Virus ganz ausheilen kann. Nach den Ferien freue ich mich aber wieder auf dich – und auf die Klasse!"

# 4/Juni:

EINSTIEGSIMPULSE:
1. Was möchtet ihr alles in den großen Ferien tun?
2. Womit möchtet ihr während der ersten Ferientage anfangen?

NACHBEREITUNGSFRAGEN:
1. Was macht Anders die meiste Zeit in der Geschichte?
2. Warum bleibt Anders nicht einfach mal länger stehen oder setzt sich hin?

## Weiter rennen

Anders rennt zu Opas Gewächshaus.
Dort angekommen zieht er mit aller Kraft die pflanzenumrankte Schiebetür auf: „Hallo, Zitronenfalterling, hast du Opa gesehen?"
Wenig später rennt Anders zu seinem Weidenversteck. Auf dem Weg dahin stößt er fast mit Opa zusammen: „Opa, meine Sommerferien haben gestern angefangen!" Schon rennt er weiter.
Opa ruft ihm hinterher: „Aber willst du …? Wie ist dein Zeugnis …?"
Kurz vor seinem Weidenversteck brüllt Anders: „Penelope? Pen?"
Im Weidenversteck findet er sie nicht. Er schaut sich davor um. Dabei entdeckt er ein Vogeljunges in einem Gebüsch. Es bewegt kräftig seine kleinen Flügelchen. „Sturzhelm aufsetzen, kleiner Flieger!"

Dann schaut er lieber weg. Als er wieder hinsieht, plumpst der kleine Vogel bei seinem Flugversuch auf den Boden. Dort fiepst er aufgeregt nach seiner Mutter.
Anders rennt weiter zu Penelope nach Hause.
Er klingelt stürmisch an ihrer Haustür. Ihre Mutter Malin macht auf.
„Weißt du, wo Penelope ist? Wir haben Ferien!"
„Pen sucht dich!"
Anders hat keine Zeit, sich lange zu unterhalten.
Er rennt weiter.
Bei Oma trinkt er kurz eine Saftschorle, weil ihm warm ist.
Da klingelt Penelope.
„Komm mit!", Anders nimmt Penelope an die Hand.
Beide rennen los.

## 1/Juli:

EINSTIEGSIMPULSE:
1. Habt ihr schon einmal etwas geerntet? Obst oder Gemüse? Was?
2. Konntet ihr einmal ein Gewächshaus besichtigen? Wie war das?

NACHBEREITUNGSFRAGEN:
1. Anders tut gern etwas mit seinen Händen, genau wie sein Opa. Was?
2. Im Gewächshaus ist Erntezeit. Was ist schon reif? Was noch nicht?

## Erntezeit

Im Gewächshaus ruft Anders begeistert: „Schau Opi, da sind schon ein paar kleine Tomaten reif!“
Opa freut sich: „Ja? Sogar die Cherry-Tomaten, die ich am liebsten mag! Dann darf der Entdecker sie auch abpflücken und essen!“
Das tut Anders dann auch sofort. Strahlend hält er seinem Opa einige Tomaten hin: „Aber diese bekommen Oma und du, weil ihr die doch beide so gern naschen mögt – echt erste Ernte!“
Opa nimmt sie und lässt eine schmatzend in seinem Mund verschwinden: „Die schmeckt wie von uns selbst gepflanzt, köstlich! Damit wirst du Omi aber eine Freude machen.“
Kauend stellt Anders fest: „Die Tomaten sind richtig süß. Und hör mal, wie die beim Reinbeißen knacken!“
Dabei ist Anders eine Ladung roter Kerne auf sein weißes T-Shirt gespritzt.
Opa witzelt: „Na, hast du geduscht? So musst du das machen: und hopp …!“
Sein Opa wirft eine Tomate hoch in die Luft und fängt sie geschickt mit dem Mund auf. Leider hat Anders keine Tomate mehr, um ihm das nachzumachen.
Dann fällt ihm auf: „Huch, meine Finger sind ganz gelb!“
Opa meint: „Das passiert, wenn du die Tomatenstauden anfasst. Du kannst das wieder abwaschen.“
Anders schlendert zum Wasserhahn und macht einen neuen Fund:
„Opa, sieh nur, da hängen schon ganz viele kleine Gurken, mit gelben Blüten oben drauf! Dann werd ich die auch gleich ernten!“

Sein Opa hält ihn jedoch davon ab: „Lass sie bitte hängen, Anders! Sie müssen noch reif werden und zu richtig großen Salatgurken heranwachsen."
Anders wundert sich: „Ich kann mir gar nicht vorstellen, dass so ein dünnes Pflänzchen eine so schwere Gurke tragen kann oder sogar mehrere Gurken. Äpfel werden doch auch von dicken Ästen getragen."
Sein Opa erinnert ihn: „Daher haben wir im Frühjahr diese gewundenen Metallstäbe an die Pflanzen gestellt! An denen wachsen die Pflanzen hoch. Sie geben ihnen Halt."
Gleich darauf nimmt Anders aus dem Augenwinkel heraus wahr, wie sich hinter dem Feigenbaum ein kleiner schwarzer Schatten bewegt. Es läuft ihm ein Schauer über den Rücken.
Mutig und vorsichtig dreht er aber trotzdem seinen Kopf dorthin und muss plötzlich lachen: „Schau mal, da ist noch unsere alte Kröte, die sich letzten Monat hier eingenistet hat!"
Weil Anders weiß, wie scheu sie ist, bewegt er sich nicht auf sie zu, sondern beobachtet sie nur. Sie ist ein uriges Wesen, das in Opas und Anders *„fernem Planeten"* wohnt. Anders wartet ab, bis die Kröte an seinem kleinen Auto – das er dort gestern vergessen hat – vorbeigekrochen ist. Mit dem Auto und sandigen Rädern fährt er dann ein wildes Rennen über Stock und Steinplatten, durch Wüste und den Apfelbaumstamm hoch und wieder herunter, als der im Weg ist:
„Brummummum, määäämm, babusch....",
braust das Auto dahin.
„Oh!" – Leider verfängt sich das Auto jetzt in einer Petersilienpflanze.

Anders muss die Räder aus den Stängeln befreien, wobei einige abbrechen.
Schnell versucht er sich herauszureden:
„Ich … ich wollte euch nur ein bisschen Petersilie pflücken … für euren Salat … ihr wolltet doch heute Salat essen, oder?“
Doch Opa zwinkert ihm bloß heiter zu: „Na, da werden Oma und ich aber gut von dir versorgt!“

## 2/Juli:

EINSTIEGSIMPULSE:
1. Spielt ihr gern allein? Spielt ihr (auch) gern mit mehreren Kindern?
2. Stellt euch vor, ihr fragt ein Kind, ob es Zeit hat zum Spielen. Hat es dann aber nicht. Fragt ihr es beim nächsten Mal wieder, ob es Zeit hat? Oder nicht? Oder lieber andere Kinder? Sollen die Kinder lieber zu euch kommen und fragen, ob ihr Zeit habt zum Spielen?

NACHBEREITUNGSFRAGE:
Zuerst ist Penelope allein, doch dann werden es immer mehr Kinder. Wie macht sie das?

## Immer mehr werden

Penelope steht vor Anders Tür:
„Kommst du spielen?“

Penelope und Anders stehen vor Neles Tür:
„Kommst du spielen?“

Penelope, Anders und Nele rollern zu Benno und Rupert:
„Kommt ihr spielen?“

Penelope, Anders, Nele, Benno und Rupert rollern zu Nürsel:
„Kommst du spielen?“

Penelope, Anders, Nele, Benno, Rupert und Nürsel rollern zu Klaro:
„Kommst du spielen?“

Penelope, Anders, Nele, Benno, Rupert, Nürsel und Klaro rollern und singen:

*Was stellen wir an?*
*Wann fangen wir an?*
*Wo geht's los?*
*Wer macht mit?*
*Ich! Ich! Ich!*
*Auch du komm her,*
*es ist nicht schwer!*

*Rauf auf die Hecken,*
*Lämmchen necken,*
*Himbeern kosten,*
*Wasser spritzen.*
*Willst du fern-sehn?*
*Geh den Stern sehn!*

*Was stellen wir an?*
*Wann fangen wir an?*
*Wo geht's los?*
*Wer macht mit?*
*Ich! Ich! Ich!*
*Auch du komm her,*
*es ist nicht schwer!*

## 3/Juli:

EINSTIEGSIMPULSE:
1. Habt ihr Großeltern? Wo wohnen sie? Seht ihr sie? Erzählt!
2. Wer von euch hat bereits an einem sportlichen Turnier oder Wettkampf teilgenommen? Eure Erfahrungen?

NACHBEREITUNGSFRAGEN:
1. Warum erschöpft Anders das Turnier so sehr? Wie könnte Anders noch weiter Handball spielen, ohne dass es ihn so sehr entkräftet?
2. Hat Anders noch andere Interessen als Handballspielen? Welche?

## Mit Opa Stadt und Klaro beim Handballturnier

Anders kann eigentlich kaum mehr kriechen, doch er gibt alles, was er nur noch irgend geben kann und bekommt eine Chance, kurz vor Abpfiff ein wichtiges Tor während des Ferien-Handballturniers zu werfen.
„Rein damit!“, feuert ihn sein Opa Stadt, der extra für dieses Turnier aus der Stadt angereist ist, von der Tribüne aus an.
„Häng ihn ab, nicht schlappmachen!“, brüllt sein Cousin Klaro, neben Opa Stadt sitzend. Anders hat Klaro auch schon den Rücken als Zuschauer gestützt, bei dessen Karateweltkämpfen.
Und siehe da, Anders weiß nicht, wie er es geschafft hat, aber sein Ball landet im Tor! Nun wird das Spiel abgepfiffen. Seine Kumpel fallen ihm um den Hals, die ihn zuvor eher links liegen gelassen haben, weil er heute noch kaum Erfolg gehabt hat. Durch dieses Tor hat seine Mannschaft wenigstens das zweite Spiel von insgesamt sechs Spielen während des heutigen Turniers gewonnen.
Anders bekommt noch schwach mit, wie Opa und Klaro oben auf der Brüstung jubeln, ihm zujubeln, doch er hört und sieht kaum noch etwas, so kaputt fühlt er sich von den vielen Spielen.
Die Siegerehrung ist enttäuschend, davon hatte sich Anders mehr versprochen: Seine Mannschaft bekommt den 5. Platz von insgesamt sechs Plätzen. Immerhin darf er eine Medaille einstecken.
Als Mama die drei an der Sporthalle mit dem Auto abholt, bricht die ganze Anstrengung des heutigen Tages aus

Anders heraus, er schreit los ohne aufhören zu können, kein in den Arm nehmen, kein gutes Zureden hilft.
Zwischendurch schreit jetzt auch Klaro, weil er nicht weiß, was mit Anders los ist und darüber beunruhigt ist.
Anders hört nur unzusammenhängende Worte oder Sätze der Erwachsenen wie: „ … ob das das richtige Hobby für ihn …“ oder „… beruhigt er sich unter der Du…“, „… Musikmachen …“ oder „… wollte es so gern …“.
In der Wohnung wird er von seiner Mutter unter die Dusche gestellt und auch da schreit Anders ununterbrochen weiter. Erst im Bett, nachdem seine Mama ihm lange über den Kopf gestreichelt hat, kommt er schließlich zur Ruhe und dämmert für eine Weile weg.
Als er wieder aufwacht, ist er allein im Kinderzimmer und schaut sich um. Es ist noch hell und er steht auf. Er sucht sich Pappboxen, Dosen und andere Dinge zusammen und stellt sie eng beisammen. Dann nimmt er zwei lange Pinsel zur Hand und macht das, was ein nächstes Hobby von ihm werden könnte: Musik!

# 4/Juli:

EINSTIEGSIMPULS:
Riecht, hört, seht, fühlt, schmeckt die Natur im Sommer! Was könnt ihr im Sommer alles erleben? Erinnert ihr euch an Sommer-Erlebnisse? Berichtet!

NACHBEREITUNGSFRAGEN:
1. Was ist denn da los? Was machen das Elsternpärchen und die Krähe in der Luft und auf dem Baum? Wie geht diese Geschichte aus?
2. Kennen Anders und seine Freunde lange Langeweile? Was meint ihr?

## Was ist denn da los?

Penelope, Rupert, Benno und Anders hocken unter einem Sonnensegel, auf Anders Garten-Balkon. Währenddessen genießen sie Erdbeeren, Eis und Schlagsahne, dazu trinken sie gekühlten Pfefferminztee. Darin schwim men Pfefferminzblätter von der Topfpflanze, die neben ihnen steht.
Benno hat als Erster aufgegessen und guckt durch das Fernrohr von seinem kleinen Alleskönner-Spielcomputer um sich.
Plötzlich ruft er: „Was ist denn da los?“
Penelope schaut in Bennos Blickrichtung: „Also, ich sehe nichts!“

Anders grummelt in seine Erdbeeren hinein: „Wo ist denn schon wieder deine bunte Brille, du Paradiesblume?“
Nun entdecken auch Anders und kurz darauf Rupert, was Benno meint und ihre Münder bleiben sperrangelweit auf. Fast verschluckt Anders sich an einer Erdbeere: „Ja, was ist denn da los?“
In der Luft und auf dem Baum, der neben dem Haus steht, findet ein erbitterter, feindseliger Kampf zwischen einem Elsternpärchen und einer Krähe statt. Der Kampf dreht sich um kleine Elsternküken, die mit offenen Schnäbeln aus ihrem Nest hervorlugen und auf Futter von den Eltern warten. Die Krähe will die Kleinen fressen und die Elstern versuchen sie mit gemeinsamer Kraft zu vertreiben, indem sie immerzu wutentbrannt in dessen Nähe fliegen. Doch die Krähe denkt gar nicht daran, sich verscheuchen zu lassen. Auf einem Ast unterhalb des Nests lässt sie sich nieder, wartet einen günstigen Moment ab, in dem die Kleinen unbeobachtet sind und sie zugreifen kann.
Rupert boxt eine Hand in die andere: „Das ist ja wohl …“
Penelope rutscht unruhig hin und her und zupft an ihrem bunt gesprenkeltem Trägerkleid: „Was ist denn passiert? Sagt schon!“
Nun stellen sich die Kinder an das Geländer.
Rupert schreit aus Leibeskräften: „Geh weg, du gemeines Federvieh, verschwinde …!“
Anders fällt in das Gebrüll ein: „Lass dich hier bloß nicht mehr blicken …“
Und auch Benno schließt sich an: „Genau, mach, dass du wegkommst, du alter Rabe! Sich an kleinen Küken vergreifen zu wollen …“
Penelope schreit vor Schreck auf, als sie das hört.

In dem Moment öffnet sich ein Fenster, schräg unter ihnen im Erdgeschoss, und der Nachbar Herr Sturmflut steckt seinen roten Kopf heraus: „Ihr kleinen Gören, was dröhnt ihr hier so unerträglich laut herum? Das ist verboten, v e r b o t e n! Gerade wollte ich ein Nachmittagsschläfchen halten! Wenn ihr nicht auf der Stelle ruhig seid …!“
Damit knallt Herr Sturmflut mit solcher Wucht das Fenster zu, dass seine Scheibe zu Bruch geht, die Kinder zusammenfahren und die Krähe es mit der Angst zu tun bekommt und für immer das Weite sucht.
Weil der Feind der Elsternfamilie nun außer Reichweite ist, atmen die Kinder trotz des Ärgers mit dem Nachbarn erst einmal erleichtert auf, hüpfen herum und fallen sich in die Arme.
Herr Sturmflut steckt seinen nun hochroten Kopf durch das große Loch in der zerbrochenen Fensterscheibe und tobt: „Hab ich nicht gesagt, ihr Blagen sollt ruhig sein, hm? Und überhaupt, ihr seid Schuld an diesem Glasschaden, da werd ich noch heute mit deinem Vater drüber sprechen, Anders! Darauf kannst du wetten!“
Damit zieht er sich in seine Wohnung zurück.
Benno, Rupert und Anders finden, dass Herr Sturmflut mit seinem puterroten Kopf in der kaputten Scheibe sehr komisch ausgesehen hat. Doch Benno verkneift sich das Lachen und sagt besorgt zu Anders:
„Was machen wir nur? Bekommst du jetzt Ärger von deinen Eltern?“
Aber Anders winkt ab und antwortet entspannt: „Mach dir keine Sorgen, der Herr Sturmwut bläst sich immer furchtbar auf, das kennen wir schon, da lachen Mama und Papa meist drüber!“

Daraufhin müssen Benno, Rupert und Anders auch lachen, einerseits über den lustig-aufgebläht aussehenden Nachbarn und andererseits vor Erleichterung, wegen der geretteten Küken.
Pen lacht einfach mit, obwohl sie die Ereignisse nicht wie die Jungen sehen, sondern nur hören konnte.
Schließlich beobachtet Anders mit dem kleinen Alleskönner-Spielcomputer von Benno: Mama Elster kuschelt mit den Küken. Nun fliegt Papa Elster herbei, mit einem langen Regenwurm im Schnabel und die Kleinen piepen hungrig, sodass es bis zum Garten-Balkon herüberschallt.
Anders denkt: „Sind die drollig! Aber ich muss darauf aufpassen, dass die Elsternküken später, wenn sie ausgewachsen sind, nicht die Kinder von Eichhorn fressen! Denn die kleinen Elstern konnten mit unserer Hilfe auch am Leben bleiben!“